Christian Waldhoff

Staat und Zwang

Schönburger Gespräche zu Recht und Staat

herausgegeben von

Otto Depenheuer
und
Christoph Grabenwarter

2008

Ferdinand Schöningh
Paderborn · München · Wien · Zürich

Christian Waldhoff

Staat und Zwang

Der Staat als Rechtsdurchsetzungsinstanz

2008

Ferdinand Schöningh
Paderborn · München · Wien · Zürich

Bibliografische Information der Deutschen Nationalbibliothek

Die Deutsche Nationalbibliothek verzeichnet diese Publikation
in der Deutschen Nationalbibliografie;
detaillierte bibliografische Daten sind im Internet
über http://dnb.d-nb.de abrufbar.

Einbandgestaltung: Evelyn Ziegler, München

Gedruckt auf umweltfreundlichem, chlorfrei gebleichtem
und alterungsbeständigem Papier ♾ ISO 9706

(Verlag Ferdinand Schöningh GmbH, Jühenplatz 1, D-33098 Paderborn)

Internet: www.schoeningh.de

Printed in Germany
Satz: Martin Mellen, Bielefeld
Herstellung: Ferdinand Schöningh, Paderborn

ISBN 978-3-506-76681-6

Übersicht

Meinem Bruder

*»Das Recht an sich selbst ist machtlos:
von Natur herrscht die Gewalt.
Diese nun zum Rechte hinüberzuziehn,
so daß mittelst der Gewalt das Recht
herrsche, dies ist das Problem der
Staatskunst.«*[1]

I.
Recht – Staat – Zwang

Wert und Funktion von Rechtsordnungen bilden sich am Grad ihrer Durchsetzbarkeit ab: »Effektivität und gesellschaftliche Relevanz einer Rechtsordnung bestimmen sich im Wesentlichen danach, in welchem Umfang diese ihre Verwirklichung zu garantieren vermag. Zugleich offenbaren sich in Ausmaß und Grenzen der für zulässig erachteten Zwangsgewalt grundsätzliche Wertentscheidungen einer Gesellschaft.«[2]

Das Recht als Sollensordnung ist nicht auf abstrakte Geltung, sondern auf Verwirklichung angelegt.[3] Vollstreckung und Sanktionen als die beiden Typen rechtlichen Zwangs sind im demokratischen Verfassungsstaat Endpunkte eines einheitlichen und umfassenden Rechtsverwirklichungsvorgangs.[4] Dieser beginnt mit der Recht*setzung*, fährt in der Rechts*anwendung* als Konkretisierung generell-abstrakter Regeln auf den Einzelfall fort und mündet – falls notwendig – in der mehr oder weniger zwangsweisen Rechts*durchsetzung*. Dieses Modell kann in vielfältiger Weise gestuft, erweitert oder abgewandelt erscheinen; es mag in seiner Grundform manchem heute eine unterkomplexe Beschreibung abgeben.

Sein Kern bleibt jedoch – bei allen Variationen – stets erhalten. Die zwangsweise Rechtsdurchsetzung als die Vollstreckung und Sanktionierung überwölbende Kategorie empfängt nach diesem einheitlichen Rechtsverwirklichungsmodell Inhalt und Impulse, Ziele und Programme aus dem durchzusetzenden Recht. Für die zwangsweise Rechtsverwirklichung treten neue Rechtsschichten, die das Vollstreckungs- oder Sanktionierungsverfahren normieren, hinzu. Die Gesamtheit zwangsweiser Rechtsverwirklichung kann demnach nur in dem Spannungsverhältnis zwischen dem durchzusetzenden Recht und der verfahrensmäßigen und handlungsformenbezogenen Trennung von diesem beschrieben werden.[5] Sie empfängt nicht nur ihr Ziel, sondern einen entscheidenden Anteil ihrer Legitimation aus dem seinerseits demokratisch legitimierten durchzusetzenden Recht, wahrt auf der anderen Seite rechtsstaatlichen Distanzschutz durch eine verfahrensrechtliche Abkoppelung von den durchzusetzenden Rechten oder Entscheidungen. Das durchzusetzende Recht kann als Rechtsinhaltsrecht, die Normen der Vollstreckungs- und Sanktionierungsregime als Rechtsdurchsetzungsrecht bezeichnet werden.[6]

Das Rechtsdurchsetzungsrecht besitzt im Verhältnis zum Rechtsinhaltsrecht instrumentellen Charakter.[7] Die Trennung, der »Durchgriff« und etwaige Wechselwirkungen zwischen diesen beiden Ebenen stellen zentrale verwaltungsrechtsdogmatische Problemfelder des Vollstreckungsrechts dar.[8] Schließlich geht es um die Auswahl zwischen unterschiedlichen Rechtsdurchsetzungsmodellen, vorrangig um das Verhältnis zwischen Vollstreckung und Sanktionierung, aber auch um Alternativen zur zwangsweisen Rechtsverwirklichung. Diese Wahl zwischen »Modellen« der (zwangsweisen) Rechtsverwirklichung kann sich auf der Ebene der Rechtsetzung wie der Rechtsanwendung stellen.

Vollstreckung und Sanktion als zwangsweise Rechtsverwirklichung stellen dabei einen möglichen, nicht einen zwangsläufigen Endpunkt der Rechtsverwirklichung dar. Sie prägen nicht den Rechtsalltag und können nicht den Regelfall der Staats- und Verwaltungspraxis darstellen. Die Rechtsordnung ist stets auf eine breite Grundakzeptanz angewiesen, die durch zwangsweise Rechtsverwirklichung nicht ersetzt werden kann.[9] Eine entscheidende Funktion von Vollstreckung und Sanktion liegt in ihrem hintergründigen Drohpotential, so paradox es klingen mag in ihrer »Nichtanwendung«. Auf der anderen Seite bedürfen auch zwangsvermeidende, wirklich oder vermeintlich »sanfte« Administrationsformen dieses Drohpotentials. Auch im Kontext konsensualen Verwaltungshandelns, im Zusammenhang mit der Privatisierung von Staatsaufgaben werden die Formen des rechtlichen Zwangs nicht überflüssig. Sie verändern nur ihren Ansatzpunkt und ihre Funktion.

Zwangsweise Rechtsverwirklichung in den Formen von Vollstreckung und Sanktion kann der gerichtlichen wie der administrativen Rechtsanwendung folgen. Verwaltungsvollstreckungs- und Verwaltungssanktionsrecht umschreiben die administrative Rechtsdurchsetzung, d. h. solche durch die Verwaltung selbst. Die Verwaltungsgerichtsbarkeit oder – etwa im Bereich des Ordnungswidrigkeitenrechts – die ordentliche Gerichtsbarkeit werden erst auf der Kontrollebene eingeschaltet. Allerdings müssen auch gerichtliche Entscheidungen aller Rechtszüge vollstreckt werden.

1. Zwang als tatsächliches und als Rechtsphänomen

Rechtsdurchsetzung ist der Anschluss von Rechtsentscheidungen an die realen Verhältnisse.[10] Vollstreckung und Sanktionen erweisen sich als Bindeglieder zwischen der Sollensordnung und der Wirklichkeit. Gesetzgebung bedarf regelmäßig der Aktualisierung der von ihr hervorgebrachten Normen durch Anwendung in Form von Umsetzung und ggf. auch

Durchsetzung.[11] Recht funktioniert dadurch, dass es Streitigkeiten ohne Ausübung physischer Gewalt entscheidbar macht und so Frieden sichert. Das Recht erweist sich insofern als Instrument gewaltloser Streitschlichtung. Im Grenzfall muss sich dann allerdings das Recht selbst des Zwangs und der physischen Gewaltsamkeit bedienen, um seine Funktion erfüllen zu können: Um Macht und Gewalt zu domestizieren, muss sich das Recht der Drohung mit Macht, Gewalt und Zwang bedienen.[12]

Zwang als tatsächliches Phänomen verhält sich zu Gewalt wie Herrschaft zur Macht: Herrschaft und Zwang sind institutionalisiert und verfasst, Macht und Gewalt sind unverfasst und roh.[13] Der Zwang erscheint stets zielgerichtet, final. In einem vorrechtlichen Sinn bezeichnen Macht und Herrschaft Zustände, Gewalt und Zwang Modalitäten von Handeln. Zwang ist so ein Machtmittel von Herrschaft, welches dem entgegenstehenden Willen gegenübertritt und somit Modus der Fremdmotivation ist. In der Grundform reicht hier die Drohung aus. Physischer Zwang (*vis absoluta*) wird durch den psychisch vermittelten Zwang (*vis compulsiva*) ergänzt. Rechtszwang ist demgegenüber rechtlich gebundener und organisierter Zwang. Im demokratischen Verfassungsstaat ist es Aufgabe des demokratischen Prozesses, »Art, Mittel und Schranken der Durchsetzung verschiedener Rechtsnormen je angemessen und verhältnismäßig zu bestimmen«.[14] Durch diese rechtliche Fassung des Zwanges wird dieser als Handeln dem Staat zugerechnet.[15] Im demokratischen Verfassungsstaat gibt es insoweit keinen legitimen außerrechtlichen Zwang.

2. *Typologie des Rechtszwangs*

Die Vermittlungsleistung zwischen Sollen und Sein zum Zweck der Durchsetzung von Recht und von rechtlichen Entscheidungen geschieht mittels eines Kanons unterschiedlicher Zwangsinstrumentarien, die als abstrakte Typen zunächst mehr oder weniger unabhängig von den Zusammenhängen einer konkreten historischen Epoche oder einer konkreten Rechts- oder Verfassungsordnung unterschieden werden können.[16]

Vollstreckung ist die zwangsweise staatliche Rechtsanwendung gegen den Willen des Pflichtigen im Sinne einer Durchsetzung der auf einer Norm beruhenden rechtlichen Entscheidung.[17] Vollstreckung ist die Rechtsverwirklichung mit Zwang im Sinne einer »unmittelbaren Durchsetzung staatlicher Gebote bzw. Verbote«.[18] Vollstreckung ist insofern »Erfüllungszwang«: Die angeordnete (verwaltungsrechtliche oder zivilrechtliche) Pflicht soll möglichst »punktgenau« verwirklicht werden. Die zivilprozessuale Zwangsvollstreckung mit der Durchsetzung der Leistungspflicht stellt den Prototyp der Vollstreckung dar. Demgegenüber stehen »konstitutive Zwangsakte«, die ohne Berührung der Außenwelt, ohne physischen Zwang gleichsam »self executing« der Rechtsdurchsetzung dienen und etwa in der Fiktion einer zivilrechtlichen Willenserklärung ihre Parallele in der zivilprozessualen Zwangsvollstreckung finden.[19] Die Kassation eines Verwaltungsakts gem. § 113 Abs. 1 Satz 1 VwGO bildet ein verwaltungsrechtliches Beispiel. Auch die Aufrechnung als »Selbstexekution«[20] ist funktional hier einzuordnen.[21]

Sanktionen als Rechtsnachteile meinen negative (belastende) (Rechts-)Folgen gegen denjenigen, der eine Rechtsregel verletzt hat.[22] Über die Verhaltensbindung besteht der Zusammenhang mit der Norm: Derjenige, der gegen die Regel verstößt, wird sanktioniert.[23] Norm und Sanktion erweisen sich so als zwei Seiten derselben Medaille: Die Sanktion erhält intentionalen Charakter in Bezug auf die verletzte Norm.[24] In diesem allgemeinen Sinne können Sanktionen repressiven, restitutiven oder präventiven Charakter besitzen.[25] Die neuere Normlehre differenziert hier zwischen Verhaltens- und Sanktionsnorm[26]: Die – logisch das prius darstellende – Verhaltensnorm statuiert ein Gebot oder Verbot; die darauf aufbauende Sanktionsnorm – die zugleich Verhaltensnorm für den Rechtsstab ist – legt Sanktionsmittel für den Normverstoß fest. Im Verfassungsstaat des Grundgesetzes besteht eine Pointe dieser Unterscheidung darin, dass ein Normverstoß allein keine Eingriffs- oder Zwangsrechte auslöst, denn der Rechtsverletzer wird dadurch nicht rechtlos gestellt.[27] Auch hier zeigt sich, dass sämtliche Zwangsrechte rechtlich konstituiert sind. In die Kategorie der Rechtssanktionen fallen sowohl die Kriminalstrafen und sonstigen »Rechtsfolgen der Straftat«, die Sanktionen des Ordnungswidrigkeitenrechts wie die bis heute reichlich unklare Kategorie der Verwaltungssanktionen.[28]

II.
Historische Entwicklung der Rechtsdurchsetzung

Die historische Analyse fragt nach der Organisation und der Legitimation von Herrschaftsgewalt in ihrer das Recht durchsetzenden Form. Staatliche Rechtsdurchsetzung kann erst mit Beginn moderner Staatlichkeit, in Mitteleuropa also frühestens seit Beginn der Neuzeit erwartet werden. Das Mittelalter ist demgegenüber treffend als Epoche privater Rechtsdurchsetzung charakterisiert worden.[29] Privatvollstreckung im Zivil-, wie im Strafrecht prägen das Bild.[30] Die Fehde als legitimes Rechtsinstitut und damit der Problemzusammenhang Friede – Fehde – Recht ist nur das bekannteste Beispiel.[31] Auf die Nachteile dieser Verteilung physischer Gewaltsamkeit in einer allerdings ohnehin noch nicht im modernen Sinne »öffentlich« und »privat« trennenden Umgebung[32] reagierten die Gottesfriedens-, später die Landfriedensbewegung.[33] An deren Ende steht der Ewige Landfriede von 1495 als Teil der Reichsreform Maximilians I.[34] Dessen Kern ist die Verbindung eines Verbots privater Gewaltsamkeit (Ewiger Landfriede) verbunden mit Ansätzen staatlicher Rechtsschutzgewähr (Reichskammergerichtsordnung[35]) einschließlich Vollstreckung (Handhabung

Friedens und Rechts[36]; später Reichsexekutionsordnungen). Dass es sich dabei nicht um ein punktuelles Ereignis, sondern letztlich um einen Jahrhunderte dauernden, teilweise qualvollen Prozess mit zahlreichen Rückschlägen handelt, braucht kaum betont zu werden.[37] Rechtsverwirklichung und Rechtsdurchsetzung erreichen weder die Fläche, noch die Vielzahl der Fälle; sie sind zunächst eher punktuelle Ereignisse, die – wohl auch deshalb – symbolisch aufgeladen werden: Die öffentliche Inszenierung besonderer Grausamkeit etwa sucht die völlige Ineffektivität von Rechtsverwirklichung und Rechtsdurchsetzung zu kompensieren.[38] Die Effektivierung der Rechtsdurchsetzung ist dann Folge der Rationalisierung von Herrschaft[39]: Nicht die punktuell-occasionelle, sondern die planmäßige Rechtsverwirklichung ist wegweisend und steigert die Herrschaft. Im Zeitalter des Absolutismus kommt das bis heute wirkmächtige Bild vom »Staat als Maschine« auf, der Staat soll nach quasi mechanischen Gesetzen »reibungslos« und effektiv funktionieren.[40] Doch auch für diese Epoche dürfen Qualität und Quantität von Rechtsdurchsetzungsprozessen nicht überschätzt werden. Noch im 19. Jh. endet die preußische zentrale Herrschaftsgewalt zumindest »auf dem platten Land« beim (preußischen) Landrat. Da das Recht der entscheidende Faktor bei der Rationalisierung von Herrschaft ist, erweist sich rechtlich organisierte Gewalt als besonders effektiv. Die existenzialistische Orientierung am – wie auch immer gearteten – Ausnahmezustand ist nicht an einer effektiven, planvollen Herrschaft und damit Rechtsdurchsetzung interessiert und hat diese nicht befördert.

In den preußischen Reformen entsteht das moderne Verwaltungsvollstreckungsrecht – die später zum Selbsttitulierungsrecht der Verwaltung führende Ausschaltung der Gerichte dient zunächst dazu, die Reformen nicht durch eine konservativ-reaktionäre Justiz zu gefährden.[41] Bis in die Weimarer Zeit hinein setzt die Verwaltung jedoch ihr Recht parallel auch mittels Sanktionen, den Verwaltungsstrafen durch, die im modernen Ordnungswidrigkeitenrecht münden.[42]

Von der organisatorischen Genese sind Fragen der Legitimation von Herrschaft und Rechtsdurchsetzung zu trennen. Die konstitutionelle staats- und verwaltungsrechtliche Doktrin unterscheidet zwischen dem durchzusetzenden Recht und der Legitimation zu seiner Durchsetzung. Staat und monarchischer Verwaltung kommen von Haus aus Zwangsbefugnisse zu, die (auch) dazu dienen, Recht durchzusetzen.[43] Das Recht selbst kann jedoch im konstitutionellen System unter der Wirkung der Lehre vom Vorbehalt des Gesetzes regelmäßig nur durch Zusammenwirken von

Monarch und Volksvertretung geschaffen werden. Das kann im demokratischen Verfassungsstaat nicht richtig sein, wird dort doch auch die Staatsgewalt selbst durch das Recht, d.h. durch die Verfassung – zumindest rechtlich – konstituiert. Wie einleitend skizziert, stellt die Rechtsverwirklichung im demokratischen Verfassungsstaat einen einheitlichen Gesamtprozess, beginnend mit der Rechtsetzung, fortgeführt in der Rechtsanwendung, vollendet – manchmal – in der zwangsweisen Rechtsdurchsetzung, dar. Im Grunde ist das Rechtsdurchsetzungsmodell des demokratischen Verfassungsstaats nicht nur besonders effektiv, da das Recht mehr als in anderen Zusammenhängen auf Akzeptanz rechnen darf; es ist – zumindest der Theorie nach – auch besonders rigoros, da es um die Durchsetzung demokratisch legitimierter Entscheidungen durch wiederum demokratisch legitimierte Vollzugskräfte geht. Dieser in der Sache angelegte, faktisch freilich ohnehin gedämpfte »Vollstreckungsrigorismus« ist durch die Trennung des Rechtsdurchsetzungsrechts vom Rechtsinhaltsrecht mittels rechtsstaatlicher Distanzschutzmechanismen gebändigt. Verwaltungsrechtlich wie verwaltungsprozessual sind Sach- und Vollstreckungsrecht deutlich getrennt; die Figur des Verwaltungsakts – der im demokratischen Verfassungsstaat entgegen manchen Fehlvorstellungen nichts Obrigkeitsstaatliches anhaftet – stellt das dogmatische Verbindungsglied dar.[44]

Das deutsche Verwaltungsvollstreckungsrecht mit seinem Kern der Durchsetzung nichtbefolgter Verwaltungsakte, ist – ähnlich wie die deutsche zivilprozessuale Zwangsvollstreckung – schon ohne den demokratisch-verfassungsstaatlichen Kontext auf punktgenaue Rechtsdurchsetzung ausgerichtet (gewesen). Idealtypisch gedacht tragen – parallel zur hierarchischen Verwaltungsstruktur[45] und zum Berufsbeamtentum[46] im organisationsrechtlichen Bereich – die verwaltungsrechtlichen Handlungsformen und letztlich auch die Rechtsdurchsetzung die demokratischer Steuerung. Dass dieses Idealbild – so es denn überhaupt je rein verwirklicht war – eher Konstrukt als Realität ist, liegt auf der Hand. Lassen Sie uns daher im folgenden dritten Schritt alternative Rechtsdurchsetzungsmodelle vor diesem Hintergrund bewerten.

III.
Alternative Rechtsdurchsetzungs-mechanismen

Rechtsdurchsetzung muss nicht stets durch den Staat erfolgen. Dieser kann sich der Privatrechtssubjekte auch zur Durchsetzung etwa *verwaltungsrechtlicher* Pflichten Dritter bedienen.[47] Im Europarecht sind solche Gestaltungen seit jeher üblich.[48] Privatrechtliche Pflichten werden ohnehin in aller Regel durch Klage von Privatrechtssubjekten – allerdings letztlich unter Rückgriff auf ein staatlicherseits zur Verfügung gestelltes Zwangsinstrumentarium – durchgesetzt.[49] *Ludwig Raiser* hat dafür in den 60er Jahren des vorigen Jahrhunderts die Redeweise von den einzelnen »als Funktionäre[n] der Gesamtrechtsordnung« geprägt.[50] In bestimmten Rechts- und Lebensbereichen wird die Beachtung verwaltungsrechtlicher Anforderungen vorrangig durch wettbewerbsrechtliche gegenseitige Kontrolle der Mitbewerber oder durch Verbände sichergestellt, und damit weniger durch administrative obrigkeitliche Zwangseingriffe.[51] Vorrangig gilt dies für das Recht des unlauteren Wettbewerbs, teilweise auch für das Kartellrecht.[52] Im Wettbewerbsrecht existieren überhaupt keine Behörden zur Rechtsdurchsetzung, sofern es unmittelbar um Wettbewerbsverstöße geht, im Kartellrecht besteht eine Konkurrenz der Rechtsdurchsetzungsinstanzen Verwaltung und privater Wettbewerbsteilnehmer.[53] Im Recht des unlauteren Wettbewerbs fällt in die Fallgruppe »Rechtsbruch« im Rahmen von § 3 UWG auch der Normverstoß außerhalb dieses Gesetzes, sofern dieser nach sittlich-rechtlicher Wertung einen Wettbewerbsverstoß indiziert.

1. Der Bürger als Instrument der Rechtsdurchsetzung

a) Selbsthilferechte

In bestimmten Bereichen überlässt die Rechtsordnung die Zwangsausübung dem Einzelnen. Dies wird regelmäßig unter den Schlagwörtern der »Not-« und »Selbsthilfe« zusammengefasst.[54] Es handelt sich um letzte Reservate verbliebener privater Gewalt unter dem Dach des staatlichen Gewaltmonopols.[55] Entscheidend ist, dass die Ausübung dieser Rechte durch den Einzelnen nicht die Betätigung staatlicher, d. h. hoheitlicher, sondern staatlicherseits gestatteter privater Gewalt oder privaten Zwangs darstellt.[56] Not- und Selbsthilferechte werden hier auf Grund teilweise ähnlicher Zielrichtungen *funktional* unter der Oberkategorie der Rechtsdurchsetzung gefasst, sie sind *normativ* jedoch streng von staatlicher, etwa polizeilicher Zwangsgewalt zu trennen.[57]

Selbsthilfe – treffend als »Bruch der normativen Infrastruktur« charakterisiert[58] – kann nur soweit rechtmäßig sein, wie sie von der Rechtsordnung zugelassen ist.[59] Insofern gibt es im Rechtsstaat keine »natürlichen Selbstverteidigungsrechte«.[60] Normtheoretisch kann auch dieser Zusammenhang mit der Unterscheidung zwischen Verhaltens- und Sanktionsnormen erklärt werden: Ein verbots- oder gebotswidriges Verhalten gewährt allein noch keine Eingriffs- und Zwangsrechte; solche können – auch im Bereich der Selbsthilfe – erst durch eine Sanktionsnorm eingeräumt werden.[61] Daher ist auch die auf *Puchta* zurückgehende[62] These, die Selbsthilfe sei »juristisch irrelevant«[63] oder »rechtlich neutral« zumindest missverständlich.[64] Auch der Begriff des »Selbsthilfeverbots« – und damit als Gegenbegriff die Redeweise vom »Gewalt*monopol*«[65] – in Recht und Staat sind zumindest unpräzise und bedürfen der Reformulierung, vergegenwärtigt man sich die zahlreichen Fälle von der Rechtsordnung explizit zugelassener Selbsthilfe.[66] Der Ausnahmecharakter der Selbsthilfe bestätigt letztlich das Gewaltmonopol. Hauptanwendungsfelder der derart skizzierten Selbsthilfe sind das Straf- und Zivilrecht.[67] Schon das

Preußische Oberverwaltungsgericht hatte erkannt, dass die Selbsthilfeeinrichtungen auf dem Gebiet des Verwaltungsrechts im Vergleich zum Zivil- und Strafrecht nur eine untergeordnete Funktion besitzen können.[68] Die Aussage des Gerichts betraf die Selbsthilfe des Bürgers gegenüber anderen Bürgern und gegenüber der Staatsgewalt. Eine andere Frage ist es, ob sich auch der Staat, vorzugsweise die Polizei auf solche Notrechte berufen darf und wie sich dann die Selbsthilfebefugnisse zu den verwaltungsrechtlichen Eingriffsbefugnissen verhalten.[69]

b) Durchsetzung von Recht auf Veranlassung des Bürgers

Die »Mobilisierung des Bürgers für die Rechtsdurchsetzung« ist als zwangsvermeidende Alternative von Vollstreckung und Sanktion durch die Verwaltung selbst zu analysieren.[70] Dabei handelt es sich um einen weiteren Begriff der Rechtsdurchsetzung, wie dies für das Gemeinschaftsrecht allgemein vertreten wird. Gemeint sind nicht nur Zwangsinstrumentarien, sondern es geht – zumindest aus der gemeinschaftsrechtlichen Perspektive – um die Beachtung und Implementation europarechtlicher Vorgaben in der jeweiligen mitgliedstaatlichen Rechtsordnung. Das Europarecht hat die

Mobilisierung des Bürgers zur Rechtsverwirklichung zum Prinzip erhoben[71]: Der generelle Anwendungsvorrang des Gemeinschaftsrechts[72], die unmittelbare Anwendbarkeit der Markt- und Grundfreiheiten, die unmittelbare Wirkung der vom Mitgliedstaat nicht umgesetzten Richtlinien zugunsten des Bürgers[73] sowie die Schaffung eines entsprechenden gemeinschaftsrechtlichen Staatshaftungsanspruchs der Bürger gegen den vertragsverletzenden Mitgliedstaat[74] sind unterschiedliche Instrumentarien, um die nationalen Richter und Bürger in den Fortgang des Integrationsprozesses einzubeziehen, indem sie als Instrumente zur Rechtsdurchsetzung und Vollzugssicherung funktionalisiert werden.[75] Auf einer weniger grundsätzlichen Ebene haben auch neuere gemeinschaftsrechtlich inspirierte Umweltschutzinstrumentarien wie die UVP-Richtlinie[76], die Öko-Audit-Verordnung[77] oder die Umweltinformationsrichtlinie[78] den Bürger in die Kontrolle der Verwaltung und damit der Rechtsdurchsetzung im Sinne dieses »Konzepts der informierten Öffentlichkeit« einbezogen.[79] Demgegenüber ist das traditionelle deutsche subjektive öffentliche Recht auch in seiner prozessualen Funktion »privatzentriert« und mit den neueren gemeinschaftsrechtlichen Entwicklungen nicht ohne weiteres vergleichbar oder kompatibel.[80]

Weder diese europarechtlichen Mechanismen noch das überkommene deutsche subjektive öffentliche Recht ermächtigen jedoch zur Zwangsausübung, sie dienen im Vorfeld physischer Gewaltsamkeit der allgemeinen Rechtsverwirklichung. Die dadurch ausgelösten Entscheidungen werden dann als staatliche durchgesetzt. Bemerkenswerterweise besitzt die Europäische Gemeinschaft keine einzige Zwangsbefugnis, die mit physischer Gewalt verbunden ist – die Souveränitätsvorbehalte der Mitgliedstaaten zeigen sich bei den in besonderer Weise demokratiesensiblen Funktionen (Besteuerung und Zwang) deutlich.

2. Rechtsdurchsetzung angesichts kooperativen und konsensualen Staatshandelns

Kooperativ oder konsensual getroffenen Vereinbarungen zwischen Staat und Bürger sollen das Rechtsverwirklichungs- und Rechtsdurchsetzungsproblem entschärfen. Dies gelingt jedoch allenfalls bedingt[81], denn diese zunächst zwangsvermeidenden Vereinbarungen sind ihrerseits durch Durchsetzungsschwäche gekennzeichnet.[82] In der Literatur werden solche Fragen insbesondere im Hinblick auf sog. Selbstverpflichtungsabkommen[83] zwischen Wirtschaft und Verwaltung diskutiert. Regelmäßig geht mit dem

Abschluss entsprechender Agreements oder Verträge die Absprache einher, auf einseitige Durchsetzungsmöglichkeiten etwa in Form von Verwaltungsakten oder von Klagen zu verzichten.[84] Mag auch durch den erzielten Konsens eine grundsätzliche Befolgungsbereitschaft indiziert sein[85], so sind für den Konfliktfall doch Sanktionsmechanismen vorzusehen.[86] Aus dem Bereich des Verwaltungsvertrags ist die Unterwerfung unter die sofortige Vollstreckung zu erwähnen. Neben solchen eher traditionellen Durchsetzungsinstrumentarien kann bei Austauschverträgen die vertragsimmanente Logik der Zug-um-Zug-Leistung als endogene Sanktionsmöglichkeit aktiviert werden.[87] War es der Verwaltung möglich, statt konsensual-kooperativ auch hoheitlich anordnend zu handeln, steht die autoritative Rechtsverwirklichung stets als Drohpotential im Hintergrund; auch auf diese Weise können Kooperationstreue und Durchsetzung der Vereinbarungen gewährleist werden.[88]

Sofern ein »Agreement« zwischen den Beteiligten bewusst nicht rechtsförmlich und nicht als (privat- oder öffentlich-rechtlicher) Vertrag mit rechtlicher Bindungswirkung ausgestaltet ist, müssen sich die Partner an der Unverbindlichkeit ihrer Konstruktion festhalten lassen und damit auf rechtliche Durchsetzbarkeit im technischen Sinn verzichten.[89] Sind diese

Konsequenzen nicht gewollt, müssen sich die Akteure der entsprechenden Rechtsformen bedienen.[90] Es geht damit um das Verhältnis zwischen grundsätzlich gewährleisteter Formenwahlfreiheit auf der primären Handlungsebene und dem durch die Handlungsformenlehre induzierten Formzwang der Verwaltung bei rechtsdurchsetzenden Handlungen. Die Wahlfreiheit auf der primären Handlungsebene kann dann eingeschränkt sein, wenn sog. Bewirkungssperren[91] auftreten: Diese steuern den Einsatz konkreter Formen mittelbar dadurch, dass sie bestimmte rechtliche Effekte nur bei Anwendung einer bestimmten Form eintreten lassen.[92] Im Bereich der Verwaltungsvollstreckung bedeutet dies: Die Verwaltung muss dann auf die Rechtsform des Verwaltungsakts zurückgreifen, wenn sie später selbst vollstrecken möchte; dies gilt auch dann, wenn auf der primären Handlungsebene die Form des Verwaltungsakts nicht zwingend vorgegeben sein sollte. Im Bereich des kooperativ-konsensualen Verwaltungshandelns muss förmlich auf die Rechtsfigur des Verwaltungsvertrags zurückgegriffen werden und es muss unter verwaltungsverfahrensrechtlich niedergelegten Bedingungen eine Vollstreckungsunterwerfungserklärung erfolgen.[93] Die kooperativ-konsensual gewonnenen Entscheidungsergebnisse erweisen sich dann als Antizipationen förmlichen Verwaltungshandelns.[94] Der Rückgriff auf das überkommene Formeninstrumentarium, etwa auf § 61 VwVfG, setzt seinerseits jedoch voraus, dass überhaupt vollstreckbare Absprachen getroffen wurden.[95] Das wird bei sog. normersetzenden Absprachen in Form von Selbstverpflichtungsabkommen der Wirtschaft oft nicht der Fall sein. Dann wird auch die Suche nach prinzipiell denkbaren strikten privatrechtlichen Sanktionen ergebnislos verlaufen. Von Bedeutung ist hier die durch solche Absprachen nicht berührbare Reservekompetenz des Staates zu einseitig-hoheitlichem Handeln oder zur Normsetzung. Es ist selbstverständlich, dass sich Staat und Verwaltung durch sog. normersetzende Absprachen dieser Rechte nicht begeben können, sondern insofern lediglich politische Absichten kundtun. Bei diesen Reaktionsmöglichkeiten handelt es sich jedoch nicht um Sanktionen, die aus dem Agreement oder Vertrag selber folgen, sondern um originäre, stets parallel zu Absprachen oder Agreements bestehende Befugnisse; treffend wurden sie als »Reaktionsmöglichkeiten des Staates … aus Reservekompetenz« beschrieben.[96]

3. Privatisierung und Rechtsdurchsetzung

Die mit dem Einsatz physischen Zwangs in Verbindung gebrachten Staatsaufgaben, d. h. Justiz einschließlich Zwangsvollstreckung, Polizei, Militär und die Steuererhebung werden oftmals mehr oder minder pauschal als genuine staatliche Kernaufgaben und damit als nicht privatisierungsfähig gekennzeichnet.[97] Empirisch dürften zur Zeit allerdings nur die Rechtsprechung, die Steuererhebung und die Landesverteidigung nach außen noch nicht von Privatisierungstendenzen gekennzeichnet sein und dieses auch nur in ihren Kernbereichen. Dabei wären noch genauer die Funktionen der überkommenen nichtstaatlichen Schiedsgerichtsbarkeit[98], neuer prozessvermeidender Mediationsformen und Modelle privaten Strafvollzugs[99] im Bereich der Rechtspflege, sowie die Einschaltung privater Bewachungsunternehmen bei der Eigensicherung militärischer Anlagen zu berücksichtigen. Die Existenz privater Sicherheitsdienste, die vielfältigen Beleihungen Privater im Rahmen von Gefahrenabwehr zeigen einmal mehr den geringen Nutzen, Privatisierungsgrenzen pauschal aus den Staatsaufgaben, statt aus den konkreten Handlungsformen und -befugnissen herzuleiten.[100] Abstrakt mag man sich leicht auf staatliche Kernaufgaben verständigen; die Realität ist von problematischen Mischzonen und Teilprivatisierungen gekennzeichnet. Sieht man den Kern jeder Privatisierung in dem Übergang von Rechtsmacht vom Staat auf Private[101], liegt das Abstellen auf die Übertragung von Handlungen statt von Aufgaben ohnehin näher.[102] Zumeist zieht sich der Staat zudem praktisch nicht wirklich aus Aufgabenfeldern zurück, es wandelt sich vielmehr das Erscheinungsbild seiner Aufgabenerfüllung[103], d. h. letztlich wiederum seine Handlungsmittel. Auch die Vertreter einer vorstaatlich akzentuierten materiellen Staatsaufgabenlehre kommen letztendlich immer zu dem Ergebnis, dass auch von ihnen als notwendig erkannte Staatsaufgaben nicht schlechterdings eine Beteiligung Privater ausschließen, es vielmehr um die rechtliche Konstruktion des Zusammenspiels privater und hoheitlicher Akteure geht.[104]

a) Das private Sicherheitsgewerbe

Als erstes Beispiel sei die Privatisierung im Bereich der Sicherheitsgewährleistung herangezogen. Das private Sicherheitsgewerbe ist als Ergebnis latenter und apokrypher Privatisierung angesichts des Rückzugs des Staates aus einem Kernbereich seiner Aufgaben charakterisiert worden.[105] Diese sog. »Vakuum-

These«, die die Entwicklung gleichsam »von unten« angetrieben und durch eine »Markt-These« in Form entsprechender Angebote eines potenten Wirtschaftszweiges verstärkt sieht, wird durch einen »von oben« ausgehenden Impuls angesichts eines angeblich an die Grenzen seiner Leistungsfähigkeit gelangten Staates ergänzt. Der Staat selbst vergibt zwischen 25 und 50 % der Aufträge der privaten Sicherheitsunternehmen.[106] Schätzungen sprechen von 100.000 bis 250.000 privaten »Sicherheitskräften« (im Vergleich zu etwa 250.000 Bundes- und Landespolizeibeamten) und einem Branchenumsatz von rund 2,5 Milliarden €.[107] Die Entwicklung des Schrifttums spiegelt die rasante Ausbreitung derartiger Phänomene im Tatsächlichen wider.[108] Das Wachstum privater Sicherheitsgewährleistung ist als »dritte Entpolizeilichung« nach der Ausbildung des liberalen Polizeibegriffs der Gefahrenabwehr im 19. Jahrhundert und nach der Trennung von Polizei- und Ordnungsbehörden durch die Besatzungsmächte im Gefolge des Zweiten Weltkriegs charakterisiert worden.[109]

Welche Zwangsbefugnisse besitzen private Sicherheitsunternehmen, Beliehene oder andere Destinatäre von Privatisierungsvorgängen? Wie sind diese Zwangsbefugnisse rechtlich zu qualifizieren? Welche Zwangsbefugnisse könnten und sollten Ihnen unter welchen Voraussetzungen übertragen werden?[110] Bereits im traditionellen Verwaltungsrecht wurden und werden Private im Zusammenhang mit Aufgaben der Sicherheitsgewährleistung mit Zwangsbefugnissen ausgestattet bzw. diese zur Ausübung ihnen ohnehin zustehender Zwangsbefugnisse durch die Auferlegung einer Handlungspflicht angehalten. Es geht hier vornehmlich um Tatbestände der Beleihung und um die Rechtsfigur der gesetzlich auferlegten Eigensicherung, die sich wiederum berühren bzw. überschneiden, aber auch charakteristisch unterscheiden.[111] Sie können unter dem Leitwort der staatlich veranlassten oder erzwungenen Ausübung von Zwangsrechten durch Private im Rahmen einer ihnen hoheitlich übertragenen Aufgabe zur Gewährleistung öffentlicher Sicherheit und Ordnung begriffen werden. Die Privaten agieren hier bei unterschiedlichem Verpflichtungsgehalt teilweise als integrierter Bestandteil der öffentlichen Verwaltung – so bei der Beleihung – oder nach wie vor im grundrechtlichen Freiheitsbereich – so bei der Ausübung der Eigensicherungspflichten.[112]

Die entscheidende Frage richtet sich auf die Anwendbarkeit und die Anwendungsmodalitäten der privaten Not- und Selbsthilferechte in diesem Bereich. Private Sicherheitsunternehmen werden nicht im staatlichen Kompetenzbereich, sondern im grundrechtlich geschützten Freiheitsbereich tätig. Auch wenn es um vormals staatliche Aufgaben gehen sollte, üben sie keine Hoheitsgewalt aus.[113] Dies impliziert, dass ihnen einerseits die zwar einfachgesetzlich ausgestalteten, jedoch grundrechtlich fundierten Not- und Selbsthilfe-rechte zustehen[114], dass andererseits verfassungsrechtliche und verfassungspolitische Bedenken hinsichtlich der Übertragung weiterer Zwangskompetenzen bestehen. In ihrer auf der Grundlage der Not- und Selbsthilferechte für jedermann beruhenden Tätigkeit handelt es sich gerade nicht um administrative Zwangsbefugnisse.[115] Im Gegensatz zur Polizei und allgemein zur staatlichen Verwaltung stehen den gewerblichen Sicherheitsunternehmen nicht die gesamte Palette hoheitlicher Befugnisse zur Verfügung. Insbesondere gestatten die Not- und Selbsthilferechte keine Notwehr zugunsten von Rechtsgütern der Allgemeinheit, sie eröffnen keinen privaten Betätigungsraum zur Verteidigung der Rechtsordnung als solcher.[116] Die jeweiligen Befugnisse und Zwangsrechte sind damit in ihrer grundsätzlichen Fundierung wie in der einfachgesetzlichen Ausgestaltung verschieden, stellen insofern ein aliud dar.[117] Deutlich wird dies auch, wenn berücksichtigt wird, dass ein beträchtlicher Teil der Befugnisse der privaten Sicherheitswächter privatrechtlich abgeleitet sind.[118] Umgekehrt darf die

Polizei nicht über das erlaubte Minimum hinaus auf die Jedermann-Notrechte zurückgreifen, wenn sie ausnahmsweise ihre Aufgaben zusammen mit privaten Sicherheitskräften wahrnimmt. Auch das Waffenrecht enthält kaum besondere Regelungen für das private Sicherheitsgewerbe.[119] Hier müssen wie bei jedem anderen Privaten, der Waffen erwerben und führen möchte, Zuverlässigkeit, Bedürfnis und Sachkunde nachgewiesen werden.

Der hier verfolgte Ansatz zur Frage der Privatisierungsmöglichkeiten ursprünglich hoheitlicher Zwangsrechte hat die strikte Trennung zwischen hoheitlichen und privaten Zwangsbefugnissen erneut ins Blickfeld gerückt[120]: »Die Unterscheidung zwischen rechtsstaatlich gemäßigter, aber weit reichender Gefahrenabwehr durch staatliche Polizeigewalt einerseits und individuellem Selbstschutz zu Gunsten individueller Rechte andererseits greift eine Struktur des Grundgesetzes auf, die staatliche Gewalt verfassungsrechtlich diszipliniert, individuelles Verhalten jedoch grundsätzlich freiheitlicher Selbstbestimmung überlässt.«[121] Die Grundbeziehung des Bürgers zur Verwaltung als Konkretisierung und Anwendung des verfassungsrechtlichen Staat-Bürger-Verhältnisses beruht auf der Asymmetrie zwischen rechtlich verliehener Kompetenz für das Handeln der staatlichen

Organe einerseits, der rechtlich verfassten Freiheit für das Handeln der Bürger andererseits.[122] Die damit angesprochene Scheidung von Staat und Gesellschaft als unverzichtbarer Grundfigur publizistischen Denkens[123] bedeutet für hiesige Fragestellung konkret: Privaten, denen im Wege der Aufgabenprivatisierung ehemalige staatliche Aufgaben übertragen wurden oder die im Rahmen der Organisationsprivatisierung als Privatrechtssubjekt agieren, kommen keine über die für jedermann geltenden Not- und Selbsthilferechte hinausreichenden Zwangsbefugnisse zu.[124] Diese Rechte sind dann jedoch nicht anders – weder einschränkend durch den Grundsatz der Verhältnismäßigkeit, noch irgendwie ausdehnend – auszulegen und anzuwenden, als bei jedem anderen Bürger auch.[125] Soziale Mächtigkeit allein oder die gewerberechtliche Genehmigung des privatwirtschaftlichen Tätigwerdens führen nicht dazu, dass sich die aus dem grundrechtlichen Freiheitsbereich ergebende staatlich anerkannte private Gewalt zu hoheitlicher Zwangsgewalt wandelt.[126] Nach zutreffender Ansicht sind hier die Grundrechte und mit ihnen das Verhältnismäßigkeitsprinzip nicht allein wegen etwaiger faktischer grundrechtstypischer Gefährdungslagen, sondern ausschließlich dann anwendbar, wenn es um die Domestizierung von Hoheitsgewalt geht. Umgekehrt besteht zumindest im

Rahmen der Aufgabenprivatisierung, d. h. jenseits des verwaltungsprivatrechtlichen Bereichs, keine Grundrechtsbindung und auch keine Pflicht, das zwischen Privaten grundsätzlich nicht geltende Übermaßverbot zu beachten. Entgegen einer im Schrifttum vertretenen Auffassung stehen auch den klassischen Verwaltungshelfern keine Zwangsbefugnisse über die jedermann zustehenden Not- und Selbsthilferechte hinaus zu.[127] Zwischenzonen zwischen Staat und Gesellschaft wie »Sicherheitspartnerschaften« und andere Formen des »public private partnership« sind auch hier möglichst zu vermeiden, um die Kategorien zwischen »öffentlicher« und »privater Sicherheit«, hoheitlichen und individuellen Zwangsbefugnissen nicht weiter zu verwischen.[128] Derartige Mischbereiche sollten auch nicht durch die förmliche Übertragung öffentlich-rechtlicher Zwangsbefugnisse im Wege der Beleihung mehr als unbedingt notwendig gefördert werden.[129] Als Rechtsform für die Ausübung öffentlich-rechtlicher Zwangsbefugnisse durch Privatrechtssubjekte bleibt somit nur die überkommene Figur des Beliehenen Unternehmers übrig.[130] Dieser muss nicht, kann jedoch Zwangsbefugnisse übertragen erhalten.[131] Es handelt sich insofern um die einzige rechtsstaatlich einwandfreie Kooperationsform[132] sofern es um die Übertragung oder Gestattung von Zwangsbefugnissen geht.

Dieser nimmt nach zutreffender Auffassung sowohl an dem sachlich-inhaltlichen als auch durch den gesetzlich grundgelegten Beleihungsakt an dem personell-organisatorisch-demokratischen Legitimationsstrang teil.[133] Der Beliehene stellt jedoch kein Phänomen eines sinnvollen Privatisierungsbegriffs i. e. S. dar, da dessen Handlungen weiterhin hoheitlicher Natur sind.[134] Der Beliehene ist im Rahmen seiner gesetzlich zugewiesenen und übertragenen Betätigung Teil des Staates im weiteren Sinne und übt Staatsgewalt, »echte öffentliche Gewalt« aus.[135] Der Beliehene nimmt insofern am staatlichen Gewaltmonopol teil.[136]

b) Die Privatisierung von Post und Telekommunikation

Ganz anders gelagert ist der Übergang von der Leistungs- zur Gewährleistungsverwaltung als Folge der Privatisierung ehemals staatlicher Betätigung. Als Beispiel dienen hier die Privatisierungen von Post und Telekommunikation. Als hoheitliche Unternehmen konnten diese ihre Forderungen gegenüber den Benutzern ursprünglich öffentlich-rechtlich vollstrecken.[137] Zur Zeit sind sowohl die Telekom AG als auch (andere) private Netzanbieter auf die Durchsetzung ihrer Forderungen im Wege der zivilprozessualen

Zwangsvollstreckung verwiesen, da insofern keine Sonderbestimmungen mehr existieren.[138] Das Regulierungsrecht hat in diesem Bereich der Rechtsbeziehungen zu den Kunden allenfalls im Vorfeld, nicht jedoch in der Zwangsphase der Vollstreckung besondere Regelungen gebracht. Die auf der Grundlage von § 41 TKG erlassene Telekommunikations-Kundenschutzverordnung (TKV) vom 11. Dezember 1997[139] hat in Konkretisierung von § 41 Abs. 3 Nr. 7 TKG »besondere Anforderungen für die Rechnungserstellung und für den Nachweis über die Höhe der Entgelte« im Sinne des Verbraucherschutzes getroffen (§§ 14 ff. TKV).[140] Die eigentliche zwangsweise Rechtsdurchsetzung bleibt von solchen verbraucherschützend motivierten Normen unberührt. Im Bereich der hoheitlichen Regulierung selbst wurden aufgabenspezifische Sanktionsmöglichkeiten geschaffen, die oftmals im Wege von Zwangsgeldern die Vorgaben und Anordnungen der Regulierungsbehörde effektiv durchsetzen helfen sollen. Auffällig ist auch der enorme Bedarf an Tatbeständen des Ordnungswidrigkeitenrechts.[141] Es bestätigt sich hier eine allgemeine Beobachtung, dass in neuentstehenden Rechtsgebieten Rechtsdurchsetzungsbedürfnisse oftmals über das Straf- und Ordnungswidrigkeitenrecht (mit-)abgesichert werden. Es handelt sich um die spezifischen Zwangsmittel bei wenig bestimmten Grundverfügungen auf Grund unsicherer Pflichtenlage.[142] Ein eigener (Unter-)Abschnitt »Befugnisse« der Regulierungsbehörde (§§ 116, 126 ff. TKG) enthält eine allgemeine Aufgaben- und Befugniszuweisung, die durch spezielle, über das gesamte Gesetz verteilte Befugnisse ergänzt wird.[143] Adressaten sind jeweils – der Funktion als Durchsetzungsinstrumente der Regulierungsbehörden korrespondierend – Unternehmen und Vereinigungen von Unternehmen, die in der Telekommunikation tätig bzw. die Lizenznehmer sind. Da es sich bei der Regulierung um hoheitliche Verwaltungstätigkeit handelt, kommen im Prinzip alle Mittel des Verwaltungszwangs in Betracht. Es dominiert allerdings das Zwangsgeld, da es für die Ersatzvornahme regelmäßig inzwischen am notwendigen Wissen, an den notwendigen Informationen der Verwaltung im Einzelfall fehlen dürfte. Sofern sich der Staat aus der Erfüllung der Sachaufgabe zurückzieht, sinken seine Einwirkungsmöglichkeiten auch auf die eingeschalteten privaten Akteure wegen seines zurückgehenden »Herrschaftswissens«. Die regulierende Verwaltung ist somit vor und neben der Ausübung von Zwang zur Durchsetzung ihrer zur Regulierung mutierten Verwaltungsaufgabe auch auf Informationsrechte angewiesen, die ihrerseits notfalls durchgesetzt werden können.

4. *Die Reservefunktion staatlicher Zwangsmacht*

Für die gesamte Privatisierungsentwicklung ist ein ambivalenter Befund konstatiert worden[144]: Dem wirklichen oder vermeintlichen Rückzug des Staates stehe sein gesteigerter oder zumindest ungebrochener Anspruch auf Steuerung und Verantwortung der Gesellschaft gegenüber. Es liegt auf der Hand, dass sich durch solche Entwicklungen auch die Stellung der Verwaltung im Gefüge der Gewaltenteilung im Sinne einer Stärkung verändert.[145] Der Staat entfernt sich zugleich aber zunehmend von den Sachaufgaben, indem die Verwaltung zur Regulierungsverwaltung mutiert.[146] Staatliche Verantwortung als Privatisierungsfolge ist in erster Linie Rechtsvollzugs- und Rechtsdurchsetzungsverantwortung.[147] *Christoph Gusy* hat insofern einen Wandel des von administrativen Zwangsbefugnissen in besonderem Maße geprägten Sicherheitsrechts von der imperativen staatlichen Schutzgewährung hin zur Rahmenordnung der Organisation differenzierter Selbst- und Fremdschutzmechanismen beschrieben.[148] Dies bedeutet, dass es auch im Zusammenhang mit der Privatisierung letztlich um die Diskussion über verschiedene staatliche Steuerungsinstrumente geht. Spätestens dann, wenn die Gewährleistungsverantwortung größere Verwaltungsressourcen zu verschlingen droht als eine direkte Aufgabenausführung, wird man die eingeschlagenen Wege zu überdenken haben. Für den Bereich des Verwaltungszwangs bedeutet Privatisierung somit weniger Deregulierung, als vielmehr Vermehrung und Differenzierung des einschlägigen Normbestandes.[149] Für die *Ausübung* von staatlichem Zwang als Vollstreckung und Sanktion verwaltungsrechtlicher Entscheidungen bestehen praktisch keine Privatisierungsmöglichkeiten bzw. diese sind mit der überkommenen Rechtsfigur des Beliehenen Unternehmers zu bewältigen. Nachdem in einem jahrhundertewährenden Prozess Normdurchsetzung verstaatlicht wurde, sind der Reprivatisierung hier enge Grenzen gezogen.[150] Eine *Aufgabenprivatisierung* der Zwangsausübung – sofern diese selbst überhaupt eine Verwaltungs*aufgabe* darstellt – ist jenseits der Beleihung somit nicht möglich. Bei einer vollständigen Aufgabenprivatisierung der inhaltlichen Verwaltungsaufgabe muss auf außergerichtliche hoheitliche Erzwingungsmöglichkeiten verzichtet werden. Sofern damit gleichzeitig eine staatliche Regulierung verbunden ist, verlagern sich die Funktionen des Verwaltungszwangs in diesen Bereich. Im Rahmen der *Organisationsprivatisierung* muss für zwangsweise Rechtsdurchsetzung ein Beleihungstatbestand geschaffen werden. Damit geraten solche Figuren sehr schnell in die Nähe zu *funktionalen Privatisierungen*, da die Garantie von Rechtsverwirklichung und Rechtsdurchsetzung beim Staat, d. h. einem konkreten Verwaltungsträger verbleibt, während die vorgelagerte Aufgabenerfüllung Privaten überlassen sein mag. Jenseits einer dynamischen Staatsaufgabenlehre erweist sich die hoheitliche Zwangsgewalt so als eine der seltenen notwendigen Staatsaufgaben.[151] Dies ist kein Zufall, fallen bei hoheitlicher Zwangsausübung doch »Aufgabe« und konkrete Handlungsform einer Befugnis in eins. Für den Bereich der Zwangsausübung verdichtet sich die für die Staatsaufgabe Sicherheit bestehende staatliche Gewährleistungsverantwortung somit zum Ausübungsmonopol. Die handlungsformorientierte Privatisierungsgrenze hoheitlicher Zwangsausübung bietet so die juristisch fassbare Kategorie im Gegensatz zu allen staatsaufgabenbezogenen Bemühungen. Die hoheitliche administrative Zwangsausübung ist eine auch normativ-dogmatisch scharf fassbare Reservefunktion von Staatlichkeit in einem stetig unübersichtlicher werdenden Feld.[152] Wenn überhaupt die Feststellung eines Kerns von Staatlichkeit möglich oder sinnvoll ist, dann muss hier die instrumentell gesicherte Möglichkeit, um der Rechtsdurchsetzung willen zu zwingen, angeführt werden; hierin ist die unverzichtbare Reservefunktion staatlicher Zwangsmittel zu sehen[153]: »Die Aufrechterhaltung der tatsächlich bestehenden Fähigkeit des Staates zu zwingen bleibt mithin unverzichtbare Voraussetzung seines Instrumentenspektrums. Wo die zumindest theoretisch gegebene Möglichkeit zum staatlichen Zwang nicht mehr besteht, weil sie etwa durch Mechanismen der gesellschaftlichen Selbstregulierung ersetzt wird, die gelingen, aber auch misslingen mag, ohne dass zumindest eine gesetzliche Reserveposition staatlicher Zwangsmittel besteht, verfehlt rechtsstaatliche Steuerung ihren Sinn.«[154] Mit der Erzeugung und Durchsetzung von Verbindlichkeit ist ein Kern von »Staatlichkeit« benannt.[155] Die eingangs beschriebene Brückenfunktion zwangsweiser Rechtsdurchsetzung zwischen Normativität und Faktizität bildet sich in zwei staatlichen Verantwortungsebenen hinsichtlich der hier so genannten Reservefunktion staatlichen Zwangs im Zusammenhang mit Privatisierungsvorgängen ab: auf der normativen Ebene verbleibt beim Staat die Kompetenz-Kompetenz; auf einer faktischen Ebene ist die jederzeitige tatsächliche, notfalls zwangsweise Durchsetzbarkeit zu gewährleisten.[156]

IV.
Kann der Staat den effektiven Vollzug und die effektive Durchsetzung des Rechts garantieren?

1. *Die Effektivität von Rechtsdurchsetzung*

Die Kategorie der »Effektivität«, in Abgrenzung zu derjenigen der »Effizienz« im ökonomischen Sinne[157], tritt bei der Behandlung von Rechtsdurchsetzungsrecht besonders in den Vordergrund, »weil es hier nicht mehr nur um die Ausarbeitung von (noch relativ abstrakten) Entscheidungen geht, sondern um Eingriffe in das soziale Leben, die ihren eigenen Effektivitätsbedingungen folgen. Auf der Ebene der Rechtsplanung und Rechtsetzung wird dieser Orientierungsgegensatz [zwischen Konditionierung und Effektivität] gleichsam durch Abstraktion überspielt und vernachlässigt; er tritt erst auf den konkreteren Stufen der Rechtsdurchführung hervor.«[158]

»Effektivität« bedeutet zunächst die Wertung von Wirksamkeit[159], hat als völkerrechtliche Kategorie eine lange Tradition[160] und ist inzwischen auch zu einem Normbegriff des Gemeinschaftsrechts geworden.[161] »Effektivität« hat im Zusammenhang von Art. 19 Abs. 4 GG eine feste, auch in die verfassungsgerichtliche Rechtsprechung eingegangene Verbindung zum Rechtsschutzauftrag des Staates gefunden.[162] Effektivität ist ferner ein Argumentationstopos, mit dem Grundrechtsgehalte hervorgehoben oder verfahrensrechtliche Schichten der Grundrechte, insbesondere im Zusammenhang mit ihrer verfahrensrechtlichen und prozessualen Verwirklichung durch »effektiven Rechtsschutz« aktiviert werden sollen.[163] Demgegenüber liegt eine neuere Entwicklung darin, Effektivität als rechtsstaatliches Postulat auch auf die Verwaltung zu beziehen.[164] Auch dann handelt es sich zumeist um Anforderungen, die an die Verwaltungsorganisation hinsichtlich ihres Bewirkungsauftrags gestellt werden[165]: Die Verwaltung soll zu einer funktionsfähigen Umsetzung rechtlicher und politischer Programme im Stande sein. Im Zusammenhang mit der Rechtsdurchsetzung geht es um den Auftrag der Exekutive, Recht zu vollziehen und notfalls durchzusetzen.[166] Effektivität meint hier also einen bestimmten Verwirklichungsgrad des komplexen Verwaltungsauftrags[167], »[z]u den wesentlichen Voraussetzungen dieser Effektivität des Rechts gehört seine Durchsetzbarkeit«.[168]

In seinen nicht nur staatseingrenzenden, sondern zugleich staatsgewährleistenden Gehalten kann dem Rechtsstaatsprinzip – ähnlich wie der grundrechtlichen Polarität zwischen Freiheitsschutz und Schutzpflicht – ein umfassender Auftrag zur Sicherung der Gesetzmäßigkeit der Verwaltung einschließlich der

Durchsetzung von Recht entnommen werden[169]. Als Anknüpfungspunkt dient Art. 20 Abs. 3 GG[170]: Die Bindung an das Gesetz umfasst nicht nur eine inhaltlich-programmierende Komponente, sondern parallel auch eine Bindung auf Vollzug und Durchsetzung. Der Rechtsstaat als Gesetzesstaat ist damit nicht nur in einem formellen Sinn als symbolische rechtsgesteuerte Ordnung, sondern materiell im Sinne einer funktionsgerechten Anwendung der Normen, eines funktionsgerechten Einsatzes der spezifischen Mittel zur Rechtsdurchsetzung als potentielle Endstufe des Verwaltungsvollzugs zu verstehen.[171] Ähnlich wie auch die Sicherheitsgewährleistung als staatliche Aufgabe auf die Rechtsordnung insgesamt bezogen werden kann[172], verlangt der rechtsstaatliche Geltungsanspruch des Rechts zugleich die Rechtswirksamkeit durch Anwendung und Durchsetzung. Man mag dies auf den Rechtsbegriff selbst zurückbeziehen, da dieser durch einen intentionalen Wirklichkeitsbezug gekennzeichnet verstanden werden muss. Dabei kann es sich jedoch der Sache nach nur um eine akzessorische Funktion handeln, nicht um eine selbständig aus dem Rechtsstaatsprinzip fließende Verpflichtung[173]; der rechtsstaatliche Auftrag zur Durchsetzung der Verwaltungsrechtsordnung ist stets an das konkret zu verwirklichende Gesetz geknüpft.[174] Durchsetzungsmacht als solche[175] ist kein Wert an sich, sie gewinnt ihre Funktion erst aus konkreten Gesetzen und den dadurch festgelegten und programmierten Inhalten, die durchgesetzt werden sollen. Daraus erhellt, dass es sich hier um einen die oben entwickelte demokratische Rechtsdurchsetzungsidee (notwendig) ergänzenden Begründungsstrang handelt, da das unmittelbar demokratisch legitimierte Gesetz selbst schon den Auftrag zu seinem Vollzug und damit zu seiner Durchsetzung umfasst. Damit bewähren sich zugleich Gesetzgebung und Gesetz als Kernpunkte und Schlüsselbegriffe des Rechtsstaats[176], der zum »demokratischen Rechtsstaat« oder zur »Rechtsstaats-Demokratie« wird.[177]

2. Zu den Möglichkeiten einer Verrechtlichung von Effektivität

Bereits früh hat *Walter Leisner* herausgestellt, dass es in unserem Zusammenhang nicht um die Übertragung von Produktionseffizienz im Sinne von Wirtschaftlichkeit, sondern um eine Optimierung der von ihm so benannten Zweckerreichungseffizienz im Sinne möglichst hoher Wirksamkeit geht; diese sei aber allenfalls mit dem Grundsatz der Erforderlichkeit zu identifizieren, eine normative Zielerreichungseffizienz könne es im Rechtsstaat nicht geben.[178] Auch andere

Autoren erkennen an, dass es sich zwar um eine Rechtsfrage handele, deren Erfüllung jedoch nicht richterlich kontrolliert werden könne, sondern durch die administrativ-hierarchischen wie politischen Kontrollmechanismen zu bewältigen sei.[179]

a) Vom Gesetzesvollziehungsanspruch zum Rechtsdurchsetzungsanspruch?

Unter dem Schlagwort vom subjektiven Recht des Bürgers auf Vollzug der Verwaltungsrechtsnormen[180] werden Möglichkeiten und Chancen eines generellen Gesetzesvollziehungsanspruchs diskutiert. Die h.M. ist hier, trotz gegenläufiger Auffassungen im Schrifttum[181], sofern nicht ausnahmsweise eine explizite gesetzliche Anordnung besteht[182], zu Recht restriktiv.[183] Auch von den Befürwortern solcher dogmatischer Figuren wird anerkannt, dass die Frage nach einer individualrechtlichen Verdichtung entsprechender Rechtspositionen nicht generell beantwortet werden kann, sondern stets eine Frage des Einzelfalls bleibt.[184] Die Rechtsprechung[185] und die h.L.[186] arbeiten als Gegenpol zum (polizeirechtlichen) Opportunitätsprinzip hier mit der Figur der Ermessensreduzierung auf Null. Sofern es um die hier interessierenden Ansprüche auf Rechts*durchsetzung* geht, verengen sich die

Möglichkeiten zusätzlich dadurch, dass nicht nur das Entschließungs-, sondern auch das Auswahlermessen entsprechend verengt sein müsste, ein Fall, der theoretisch denkbar, praktisch, angesichts der stets zu berücksichtigenden Einschätzungsprärogative der Verwaltung, etwa in (polizei-)taktischer Sicht, nur ganz ausnahmsweise einmal relevant werden kann.[187] Die Einzelheiten interessieren an dieser Stelle nicht. Dieses letztlich aus Sachgründen auch und gerade im Hinblick auf die Auswahl eines konkreten Zwangsmittels notwendige Opportunitätsprinzip läuft auch nicht der hier vertretenen demokratischen Fundierung des Rechtszwangs zuwider, da es durch das Gesetz selber angeordnet ist.

b) Zur Übertragbarkeit des Zinsbesteuerungsurteils des Bundesverfassungsgerichts

Nach dem Vorgesagten und insbesondere nach der kategorialen, rechtstheoretisch notwendigen Trennung zwischen Sein und Sollen, zwischen Wirksamkeit und Geltung ist im Ausgangspunkt klar, dass Ineffektivität, die Nichtanwendung einer Norm grundsätzlich nicht zu deren Geltungsverlust oder zu deren Verfassungswidrigkeit führt. Für den Bereich des Steuerrechts sind hier allerdings Modifikationen angezeigt. Das

Bundesverfassungsgericht hat Steuergleichheit, d.h. die Anwendung des allgemeinen Gleichheitssatzes auf Besteuerungsvorgänge, als tatsächliche Belastungsgleichheit beim jeweiligen Steuerpflichtigen interpretiert.[188] Im sog. Zinsbesteuerungsurteil vom 27. Juni 1991[189] und in einer späteren Entscheidung[190] wurde als zentraler Gedanke entfaltet, dass auch ein normatives Umfeld zum materiellen Steuergesetz, das maßgeblich dazu beiträgt, dass der gleiche Belastungserfolg in der Person des einzelnen Steuerpflichtigen verfehlt wird, zur Verfassungswidrigkeit und damit zur Nichtgeltung des materiellen Steuergesetzes selbst führen kann. Das Gericht war jedoch zu Recht bemüht, diese Prämissen nicht als verallgemeinerungsfähig darzustellen, sondern sie als bereichsspezifische Folge der Bedingungen steuerlicher Rechtsetzung zu entfalten.[191] Außer der finanziellen Leistungsfähigkeit finde der Steuergesetzgeber – anders als etwa der zur Gefahrenabwehr tätige Gesetzgeber – in der Wirklichkeit keine Belastungsmaßstäbe in Form tatsächlicher Anknüpfungspunkte vor, um die Lastenverteilung sachgerecht vorzunehmen.[192] Daher sei das Steuergesetz mehr als andere Gesetze durch die Lastengleichheit legitimiert. Der daraus folgende prinzipiell weite Gestaltungsspielraum des Steuergesetzgebers im Hinblick auf die Ausgestaltung der Tatbestände, an die er die Lastenverteilung anknüpft, bedürfe daher im Gegensatz zu anderen Regelungsbereichen eines verfassungsrechtlichen Korrektivs: Es sei auch die Gleichheit des tatsächlichen Belastungserfolgs zu berücksichtigen und auf die materielle Steuerrechtsnorm rückzubeziehen. Letztlich aus diesem Gedanken resultiert die im Steuerverfahrensrecht grundsätzlich anerkannte Vollstreckungspflicht bei der Beitreibung rückständiger Steuerschulden.[193] Damit ist zwar dem in dieser Studie entwickelten Gedanken vom einheitlichen, von der Normsetzung bis zur zwangsweisen Durchsetzung im Einzelfall reichenden Normverwirklichungsprozess in individualschützender und operationabler Weise Rechnung getragen[194], die gesamte Argumentation spricht gegen ihre Verallgemeinerungsfähigkeit.[195] Dies ist schon aus rechtstheoretischen Gründen geboten: Der Sein-Sollen-Dualismus, der stets einschließt, dass Recht niemals vollständig verwirklicht werden kann, da Recht auf kontingentes Verhalten ausgerichtet ist[196], die Menschen stets anders handeln können, und damit die Unmöglichkeit eines subjektiv-rechtlich durchsetzbaren allgemeinen Gesetzesvollzugs- oder gar Vollstreckungsanspruchs weisen in diese Richtung.[197] Lascher, zu Defiziten führender Vollzug und selektive Rechtsdurchsetzung[198] mögen zu rechtswidrigem Verwaltungshandeln führen; solchen Praktiken kann aber grundsätzlich keine durchschlagende Wirkung auf die zugrunde liegende Normgeltung zukommen, da andernfalls diese zur Disposition der vollziehenden und durchsetzenden Verwaltung stünde.[199] In diese Richtung weist auch die oben herausgestellte Struktur des verwaltungsrechtlichen Vollzugs als nicht bloß schematischer Nachvollziehung vorgegebener Normprogramme, sondern als eines schon aus rechtstheoretischen, in jedem Fall aber verwaltungspraktischen Gründen komplexen Prozesses mit zahlreichen wertenden und auch rechtsschöpferischen Elementen, d. h. als des auch normativ komplettierenden Verwaltungsvollzugs im Rahmen des in dieser Studie herausgearbeiteten einheitlichen und arbeitsteiligen Rechtsverwirklichungsprozesses.[200] Im Zinsbesteuerungsurteil kam hinzu, dass dort das spezifische Vollzugsdefizit auf eine ganz konkret fassbare normative Ausgestaltung rückführbar war.[201] Der Gesetzgeber verletzt seine objektive Rechtspflicht, sofern er bei der Schaffung materiellen Rechts die realen Bedingungen des Normvollzugs und der Durchsetzbarkeit ignoriert; im allgemeinen lassen sich jedoch keine operationablen Maßstäbe entwickeln, wie in diesem komplexen Gefüge von Sach-, Organisations-, Haushalts- und Normsetzungskompetenzen die einzelnen Komponenten aufeinander abzustimmen sind.

Mangelnde Vollzugs- und Durchsetzungsfähigkeit als »Ergebnis ›summierter‹ Fehlleistungen« lassen sich – von den erwähnten Ausnahmefällen abgesehen – grundsätzlich nur als objektivrechtlicher, nicht als subjektivrechtlicher Angriffspunkt für den Betroffenen fassen.[202] Damit sind die Grenzen umrissen, in denen »bloß Verwaltungspolitisches in den verfassungsrechtlichen Rang« erhoben werden kann[203]: »Schließlich auch kann und braucht das Recht nicht für die Verwirklichung seiner Entscheidungen einstehen, die Befolgung des Rechts ist nicht das eigentliche Thema des Rechts.«[204] Recht und Rechtsverwirklichung einschließlich Rechtsdurchsetzung bleiben so aus rechtstheoretischen Gründen im Grundsatz getrennt, auch wenn es dogmatische Berührungspunkte zwischen diesen Ebenen gibt; der Schutz des Rechts durch seine effektive Durchsetzung ist zwar, obgleich von zahlreichen außerrechtlichen Faktoren mitabhängig, zugleich Teilfunktion des Rechts und hat stets in den Bahnen des Rechts zu erfolgen. Er kann jedoch – ohne in eine Aporie zu führen – nicht beliebig subjektiv einklagbar gewährleistet sein.[205] Diese Konsequenz ist auch alles andere als systemtheoretischer Steuerungspessimismus. Er ist vielmehr die gebotene Berücksichtigung allgemeiner und grundsätzlicher Leistungsgrenzen des Rechts.

Anmerkungen

1 *Arthur Schopenhauer*, Parerga und Paralipomena II, 1851, § 127 (ed. v. Löhneysen, Bd. 5, 1976, S. 295).

2 *Karin Nehlsen-von Stryk*, Grenzen des Rechtszwangs, AcP 193 (1993), S. 520 (530 f.); *Ernst-Wolfgang Böckenförde*, Staatliches Recht und sittliche Ordnung, in: ders., Staat, Nation, Europa, 1999, S. 213 ff.; *Niklas Luhmann*, Rechtszwang und politische Gewalt, in: ders., Ausdifferenzierungen des Rechts, 1999, S. 154 (158).

3 *Karl Brunner*, Die Lehre vom Verwaltungszwang, 1923; intradisziplinär *Gerhard Wagner*, Prävention und Verhaltenssteuerung durch Privatrecht – Anmaßung oder legitime Aufgabe?, AcP 206 (2006), S. 352.

4 Zu einer strukturell ähnlichen Parallele *Josef Isensee*, Öffentlicher Dienst, in: Benda/Maihofer/Vogel (Hrsg.), Handbuch des Verfassungsrechts, 2. Auflage 1994, § 32 Rn. 20; zur Kategorie der Rechtsverwirklichung *Kurt Eichenberger*, Zur Problematik der Aufgabenverteilung zwischen Staat und Privaten, ZBl. 1990, S. 517 (523); für die zivilprozessuale Zwangsvollstreckung *Hans-Friedhelm Gaul*, Rechtsverwirklichung durch Zwangsvollstreckung in rechtsgrundsätzlicher und rechtsdogmatischer Sicht, ZZP 112 (1999), S. 135.

5 *Ralf Poscher*, Verwaltungsakt und Verwaltungsrecht in der Vollstreckung, VerwArch. 89 (1998), S. 111; für das

Polizeirecht *Bill Drews/Gerhard Wacke/Klaus Vogel/Wolfgang Martens*, Gefahrenabwehr, 9. Aufl. 1986, S. 523 f.: Die Maßnahmen der Polizei sind theoretisch unendlich vielgestaltig, die polizeilichen Zwangsmittel sind enumerativ begrenzt.

6 Vgl. in anderem Zusammenhang die letztlich auf *Karl Binding* zurückreichende Unterscheidung zwischen Verhaltens- und Sanktionsnormen *Otto Lagodny*, Strafrecht vor den Schranken der Grundrechte, 1996, S. 77 ff.; *Ivo Appel*, Verfassung und Strafe, 1998, S. 433 ff.

7 In anderem Zusammenhang spricht *Reimer Schmidt*, Die Obliegenheiten, 1953, S. 57 ff., 313 f., insofern anschaulich von »teleologischem Rechtszwang«.

8 *Christian Waldhoff*, Vollstreckung und Sanktionen, in: Hoffmann-Riem/Schmidt-Aßmann/Voßkuhle (Hrsg.), Grundlagen des Verwaltungsrechts, Bd. 3, im Erscheinen, § 46 Rn. 131 ff.

9 *Ernst Benda*, Akzeptanz als Bedingung demokratischer Legitimität?, 1988; *Thomas Würtenberger*, Die Akzeptanz von Verwaltungsentscheidungen, 1996; *Andreas Voßkuhle*, Das Kompensationsprinzip, 1999, S. 93 ff.; *Paul Kirchhof*, Der Staat als Garant und Gegner der Freiheit, 2004, S. 13: »Der Rechtsstaat handelt durch verbindliches Sprechen, verzichtet idealtypisch auf körperliche Gewalt.«; soziologisch *Doris Lucke*, Akzeptanz, 1995.

10 Auf die Vollstreckung von Verfassungsgerichtsentscheidungen bezogen *Gerd Roellecke*, in: Dieter Umbach/Thomas Clemens/Fanz-Wilhelm Dollinger (Hrsg.), Bundesverfassungsgerichtsgesetz, 2. Aufl. 2005, § 35 Rn. 15.

11 *Kurt Eichenberger*, Die Sorge für den inneren Frieden als primäre Staatsaufgabe, ZBl. 1977, S. 433 (440); *Konrad*

Hesse, Grundzüge des Verfassungsrechts der Bundesrepublik Deutschland, 20. Aufl. 1995, Rn. 530.

12 Klassische Formulierung dieses Paradoxons etwa bei *Marcus Tullius Cicero*, Ep. ad familiares XII, 3: »Quid enim est, quod contra vim sine vi fiere possit?«; *Walther Burckhardt*, Vom Rechtszwang (1936), in: ders., Aufsätze und Vorträge 1910-1938, 1970, S. 52 (57); *Hermann Heller*, Staatslehre (1934), 6. Aufl. 1983, S. 258; *Ludwig Siep*, Recht und Gewalt, in: FS Werner Krawietz, 1993, S. 599 (605); *Günther Jakobs*, Norm, Person, Gesellschaft, 1997, S. 24 ff.; *Jürgen Habermas*, Faktizität und Geltung, 1998, S. 168 f.; *Poscher*, Vollstreckung (Fn. 5), S. 113; *Kirchhof* (Fn. 9), S. 13 f. und durchgehend.

13 Vgl. insgesamt *Max Weber*, Wirtschaft und Gesellschaft, 5. Aufl. 1972, S. 28; ferner *Michel Foucault*, Sicherheit, Territorium, Bevölkerung, 2004.

14 *Jörg P. Müller*, Demokratische Gerechtigkeit, 1993, S. 189 f.

15 *Hans Kelsen*, Die Bundesexekution, in: FG Fritz Fleiner, 1927, S. 127; allgemein *Peter Krause*, Rechtsformen des Verwaltungshandelns, 1974, S. 28.

16 Für das strafrechtliche Sanktionensystem ähnlich *Susanne Walther*, Was soll »Strafe«?, ZStW 111 (1999), S. 123 (128).

17 Vgl. etwa *Dirk Heckmann*, Der Sofortvollzug staatlicher Geldforderungen, 1992, S. 34.

18 *Roman Herzog*, Allgemeine Staatslehre, 1971, S. 156.

19 Vgl. in diesem Zusammenhang auch die Unterscheidung bei *Christoph Engel*, Planungssicherheit für Unternehmen durch Verwaltungsakt, 1992, S. 137 ff., zwischen »vollstreckungsbedürftiger« und der »selbstvollstreckenden«

Öffnung von Genehmigungen auf der Grundlage eines Verwaltungsakts.

20 Motive zu dem Entwurfe eines Bürgerlichen Gesetzbuches für das Deutsche Reich, Bd. 2, 2. Aufl. 1896, S. 108, 113.

21 Aus dem reichhaltigen Schrifttum zur Aufrechnung im Verwaltungsrecht nur *Rainer Pietzner*, Grundfragen der Aufrechnung im öffentlichen Recht, VerwArch. 73 (1982), S. 453.

22 *Urs Kindhäuser*, Art. »Sanktion«, in: Görres Gesellschaft (Hrsg.), Staatslexikon, Bd. 4, 7. Aufl. 1988, Sp. 998.

23 *Heinrich Popitz,* Die normative Konstruktion der Gesellschaft, 1980, S. 8 ff., 21 ff., 28 ff.

24 *Popitz*, Normative Konstruktion (Fn. 23), S. 28.

25 *Thomas Raiser*, Rechtssoziologie, 1987, S. 239; *Klaus F. Röhl*, Allgemeine Rechtslehre, 1995, S. 212.

26 *Urs Kindhäuser*, Gefährdung als Straftat, 1989, S. 13, 29 und öfter; *Wolfgang Frisch*, Verwaltungsakzessorietät und Tatbestandsverständnis im Umweltstrafrecht, 1993, S. 7 f.; *Lagodny*, Strafrecht (Fn. 6), S. 77 ff.; *Appel*, Verfassung und Strafe (Fn. 6), S. 433 ff.; *Theodor Schilling,* Rang und Geltung von Normen in gestuften Rechtsordnungen, 1994, S. 49 ff.

27 *Joachim Vogel*, Norm und Pflicht bei unechten Unterlassungsdelikten, 1993, S. 40.

28 *Hans J. Wolff/Otto Bachof/Rolf Stober*, Verwaltungsrecht, Bd. 2, 6. Aufl. 2000, § 65 Rn. 3 f.; *Ekkehart Stein*, Die Wirtschaftsaufsicht, 1967, S. 28 f.

29 *Reinhold Kaiser*, Selbsthilfe und Gewaltmonopol, Frühmittelalterliche Studien 17 (1983), S. 55 (56); *Hermann Conrad*, Deutsche Rechtsgeschichte, Bd. 1, 2. Aufl. 1962,

S. 435 f.; *Otto Brunner*, Land und Herrschaft, 5. Aufl. 1965, S. 1 – 110; *Gerd Althoff*, Regeln der Gewaltanwendung im Mittelalter, in: Siederle u.a. (Hrsg.), Kulturen der Gewalt, 1998, S: 154 (156 ff.)

30 Für das Zivilrecht *Hans Planitz*, Die Vermögensvollstreckung im deutschen mittelalterlichen Recht, Bd. 1, 1912; *Otto (von) Gierke*, Schuld und Haftung im älteren deutschen Recht, 1910, S. 35 und öfter; für das Strafrecht *Dietrich Oehler*, Wurzel, Wandel und Wert der strafrechtlichen Legalordnung, 1950, S: 22 ff.; *Eberhard Schmidt*, Einführung in die Geschichte der deutschen Strafrechtspflege, 3. Aufl. 1965, S. 3 ff.

31 *Brunner*, Land und Herrschaft (Fn. 29), S. 1 – 110; *Gerhard Dilcher*, Friede durch Recht, in: Fried (Hrsg.), Träger und Instrumente des Friedens im hohen und späten Mittelalter, 1996, S. 203 (210).

32 Vgl. nur *Peter von Moos*, Das Öffentliche und das Private im Mittelalter, in: Melville/von Moos (Hrsg.), Das Öffentliche und Private in der Vormoderne, 1998, S. 3 ff.

33 *Joachim Gernhuber*, Die Landfriedensbewegung in Deutschland, 1952; zum Forschungsstand *Elmar Wadle*, Gottesfrieden und Landfrieden als Gegenstand der Forschung nach 1950, in: Kroeschell/Cordes (Hrsg.), Funktion und Form, 1996, S. 63.

34 Text mit Hinweisen zur Überlieferungsgeschichte bei: *Arno Buschmann* (Hrsg.), Kaiser und Reich. Klassische Texte und Dokumente zur Verfassungsgeschichte des Hl. Römischen Reiches Deutscher Nation, 1984, S. 157 ff.

35 *Jürgen Weitzel*, Die Rolle des Reichskammergerichts bei der Ausformung der Rechtsordnung zur allgemeinen

Friedensordnung, in: Scheumann (Hrsg.), Frieden durch Recht, 1994, S. 40.

36 Text mit Anmerkungen zur Überlieferungsgeschichte bei *Arno Buschmann* (Hrsg.), Kaiser und Reich. Klassische Texte und Dokumente zur Verfassungsgeschichte des Hl. Römischen Reiches Deutscher Nation, 1984, S. 165; zu dieser Handhabung und deren nicht restlos geklärtem Verhältnis zum Ewigen Landfrieden *Weitzel*, Reichskammergericht (Fn. 35), S. 43 f.; *Adolf Laufs*, Frieden durch Recht, JuS 1995, S. 665 (670).

37 *Gernhuber*, Landfriedensbewegung (Fn. 33), S. 119 f.; *Arno Buschmann*, Gewalt und Frieden, in: Hagen/Mader (Hrsg.), Gewalt und Recht, 1997, S. 11 (17); *Dietmar Willoweit*, Deutsche Verfassungsgeschichte, 5. Aufl. 2005, S. 80, 89 f., 105, 137 f.

38 Vgl. etwa *Richard van Dülmen*, Theater des Schreckens. Gerichtspraxis und Strafrituale in der frühen Neuzeit, 1985.

39 Grundlegend *Max Weber*, Wirtschaft und *Gesellschaft*, 5. Aufl. 1972, S. 28 ff., 122 ff., 387 ff., 541 ff.; ferner *Wolfgang Schluchter*, Aspekte bürokratischer Herrschaft, 1985; *Stefan Breuer*, Rationale Herrschaft, PVS 31 (1990), S. 4.

40 *Barbara Stollberg-Rilinger*, Der Staat als Maschine, 1986; *Otto Mayr*, Uhrwerk und Waage, 1987, S. 127 ff.; *Stefan Smid*, Recht und Staat als »Maschine«, Der Staat 27 (1988), S. 325.

41 *Poscher*, Verwaltungsvollstreckung (Fn. 5); *Christian Waldhoff*, Administrative Rechtsdurchsetzung zwischen Justiz und Verwaltung – Zur Entstehung des modernen Verwaltungsvollstreckungsrechts in den Preußischen Reformen unter Stein 1808, in: FS Hermann Nehlsen, im Erscheinen.

42 Vgl. nur *Reinhard (von) Frank*, Studien zum Polizeistrafrechte, 1897; *James Goldschmidt*, Das Verwaltungsstrafrecht, 1902; *Heinz Mattes*, Untersuchungen zur Lehre von den Ordnungswidrigkeiten, Bd. 1, 1977.

43 *Gerhard Anschütz*, Das Recht des Verwaltungszwanges in Preußen. Vornehmlich in seiner geschichtlichen Entwicklung dargestellt, VerwArch. 1 (1893), S. 389 (418) und öfter.

44 Vgl. etwa *Gottfried Arndt*, Der Verwaltungsakt als Grundlage der Verwaltungsvollstreckung, 1967; *Christian Waldhoff*, Vollstreckung und Sanktionen, in: Hoffmann-Riem/Schmidt-Aßmann/Voßkuhle (Hrsg.), Grundlagen des Verwaltungsrechts, Bd. 3, im Erscheinen, § 46 Rn. 82 ff.

45 *Horst Dreier*, Hierarchische Verwaltung im demokratischen Staat, 1991.

46 *Josef Isensee*, Öffentlicher Dienst, in: Benda/Maihofer/Vogel (Hrsg.), Handbuch des Verfassungsrechts, 2. Aufl. 1994, § 32 Rn. 9 ff.

47 *Eberhard Schmidt-Aßmann*, Das Allgemeine Verwaltungsrecht als Ordnungsidee, 2. Aufl. 2004, 3. Kap. Rn. 110.

48 Vgl. *Claus D. Ehlermann*, Ein Plädoyer für die dezentrale Kontrolle der Anwendung des Gemeinschaftsrechts durch die Mitgliedstaaten, in: Liber Amicorum Pierre Pescatore, 1987, S. 205; *Jürgen Schwarze*, Europäisches Verwaltungsrecht, 2. Aufl. 2005, S. 363; *Ernst Steindorff*, Sanktionen des staatlichen Privatrechts für Verstöße gegen EG-Recht, Jura 1992, S. 561; kritisch noch BGHZ 30, 74.

49 Davon kann wiederum die »zivilrechtliche Wirkung wirtschaftsverwaltungsrechtlicher Verbote« abgegrenzt wer-

den, da hier die Rechtswirkung – etwa die Nichtigkeit eines privatrechtlichen Rechtsgeschäfts gem. § 134 BGB – automatisch eintritt und nicht erst durch Klage von Wettbewerbern erreicht werden muss, vgl. dazu nur *Rolf Stober*, Zur zivilrechtlichen Wirkung wirtschaftsverwaltungsrechtlicher Verbote, GewArch. 27 (1981), S. 313.

50 Rechtsschutz und Institutionenschutz im Privatrecht, in: summum ius summa iniuria, 1963, S. 145 (159), unter Rückgriff auf *Hans Kelsen*, der in der Reinen Rechtslehre von der »Rechtsmacht, das Verfahren zu initiieren, das zur Sanktion führt« im Zusammenhang mit dem subjektiven Recht sprach (2. Aufl. 1960, S. 130 ff.). Der Gedankengang erinnert an *Rudolph von Iherings* Schrift »Der Kampf ums Recht«, 5. Aufl. 1877, in der die auf das Privatrecht bezogene Zentralthese dahingeht, dass die Rechtsdurchsetzung jedes Einzelnen für das Gemeinwesen vorteilhafte Ergebnisse zeitigt und das Gesamtwohl steigert: »Die Behauptung des Rechts ist eine Pflicht gegen das Gemeinwesen.« (ebd., S. 2). Das bedeutet keine Gleichsetzung von Recht mit Macht, schon gar nicht eine Propagierung außerrechtlicher Gewalt, sondern die wichtige Erkenntnis des Angewiesenseins der Rechtsordnung auf ihre Verwirklichung; dazu *Wolfgang Fikentscher*, Methoden des Rechts, Bd. 3, 1976, S. 241 f.

51 Allgemein *Schmidt-Aßmann*, Ordnungsidee (Fn. 47), 3. Kap. Rn. 110; näher *Hans H. Trute*, Verzahnungen zwischen öffentlichem und privatem Recht, in: Hoffmann-Riem/Schmidt-Aßmann (Hrsg.), Öffentliches Recht und Privatrecht als wechselseitige Auffangordnungen, 1996, S. 167 (186 ff.); zu dem »in vertretbarer Weise gestuften Arsenal« an Durchsetzungsmechanismen im Wettbe-

werbsrecht auch *Klaus Tiedemann,* Tatbestandsfunktionen im Nebenstrafrecht, 1969, S. 170 f.; *Ernst Steindorff,* Gesetzgeberische Möglichkeiten zu verbesserter Durchsetzung des Gesetzes gegen Wettbewerbsbeschränkungen, ZHR 138 (1974), S. 504; vgl. zum Lebensmittelrecht *Marcel Kisseler,* Das Wettbewerbsrecht als Mittel zur Durchsetzung des Lebensmittelrechts, ZLR 1989, S. 588; zum Betriebsverfassungsrecht *Erhard Blankenburg,* Über die Unwirksamkeit von Gesetzen, ARSP, Bd. 63 (1977), S. 31 (49); rechtsvergleichend *Richard M. Buxbaum,* Die private Klage als Mittel zur Durchsetzung wirtschaftspolitischer Rechtsnormen, 1972.

52 Die Mehrspurigkeit der Rechtsdurchsetzung stellt *Fritz Rittner,* Wirtschaftsrecht, 2. Aufl. 1987, § 21, im Überblick dar; näher zu dieser »öffentlich-rechtlichen Ergänzung eines primär zivilrechtlichen Interessenausgleichs« *Trute,* Verzahnungen (Fn. 51), S. 167 (193 ff.).

53 Zu den Zwangsbefugnissen der Kartellbehörden vgl. *Helmut Gutzler,* Anwendung von Verwaltungszwang durch die Kartellbehörden, NJW 1963, S. 521; kritisch dazu *Karl-Heinz von Köhler,* Das Kartellverwaltungsverfahren ist öffentliches Recht!, VerwArch. 54 (1963), S. 262 (284 f.).

54 *Wolfgang B. Schünemann,* Selbsthilfe im Rechtssystem, 1985; *Robert Haas,* Notwehr und Nothilfe, 1978, S. 261 ff.; *Olaf Werner,* Staatliches Gewaltmonopol und Selbsthilfe im Rechtsstaat, 1999; *Benjamin Kneihs,* Privater Befehl und Zwang, 2004, S. 374 ff.

55 *Herbert Krüger,* Allgemeine Staatslehre, 1964, S. 906 f.; *Peter Pernthaler,* Allgemeine Staatslehre und Verfassungslehre, 1986, S. 117; *Roman Herzog,* Ziele, Vorbehalte und

Grenzen der Staatstätigkeit, in: Isensee/Kirchhof (Hrsg.), Handbuch des Staatsrechts, Bd. 4, 3. Aufl. 2006, § 72 Rn. 42; *Volkmar Götz*, Innere Sicherheit, in: Isensee/Kirchhof (Hrsg.), Handbuch des Staatsrechts, Bd. 4, 3. Aufl. 2006, § 85 Rn. 18 ff., 41; *Josef Isensee*, Staat und Verfassung, in: ders./Kirchhof (Hrsg.), Handbuch des Staatsrechts, Bd. 2, 3. Aufl. 2004, § 15 Rn. 86; *Christoph Möllers*, Staat als Argument, 2000, S. 281 f.; *Kneihs*, Befehl und Zwang (Fn. 54), S. 55 ff.; *derselbe*, Verfassungsfragen des so genannten staatlichen Gewaltmonopols am Beispiel des österreichischen Rechts, Der Staat 44 (2005), S. 265 (267 ff.).

56 *Haas*, Notwehr (Fn. 54), S. 263 ff., 265 ff.

57 Eingehend *Haas*, Notwehr (Fn. 54), S. 261 ff.

58 *Bernd Jeand'Heur*, Von der Gefahrenabwehr als staatlicher Angelegenheit zum Einsatz privater Sicherheitskräfte, AöR 119 (1994), S. 107 (127).

59 Vgl. bereits *Ernst R. Bierling*, Juristische Prinzipienlehre, Bd. 3, 1894, S. 352.

60 *Kurt Seelmann*, Grenzen privater Nothilfe, ZStW, Bd. 89 (1977), S. 36 (57); andererseits geht die Auffassung von *Jürgen Schwabe*, Grenzen des Notwehrrechts, NJW 1974, S. 670 (671), zu weit, der Selbsthilferechte als staatlich verliehene Machtbefugnisse interpretiert, um daraus eine unmittelbare Grundrechtsbindung herzuleiten. Im Völkerrecht spricht Art. 51 UN-Charta hinsichtlich des Selbstverteidigungsrechts der Staaten von einem »naturgegebenem Recht«.

61 *Joachim Vogel*, Unechte Unterlassungsdelikte (Fn. 27), S. 40.

62 Vgl. dazu und insgesamt zur Dogmengeschichte *Otto H. Wendt*, Das Faustrecht, Jahrbücher für die Dogmatik des

heutigen römischen und deutschen Privatrechts, Bd. 21 (1883), S. 56 (57).

63 So etwa noch *Brunner*, Verwaltungszwang (Fn. 3), S. 15.

64 *Schünemann*, Selbsthilfe (Fn. 54), S. 14 f.

65 A. A. *Roman Herzog*, Art. »Macht«, in: ders. u. a. (Hrsg.), Evangelisches Staatslexikon, Bd. 1, 3. Aufl. 1987, Sp. 2057 (2060): die Rede vom »Monopol« sei hier lediglich eine hinnehmbare, »geringfügige Übertreibung«.

66 *Möllers*, Staat (Fn. 55), S. 272 ff.

67 Zur Dogmengeschichte *Fritz Heyer*, Die Selbsthülfe, Archiv für Bürgerliches Recht, Bd. 19 (1901), S. 38 (41 ff.); *Haas*, Notwehr (Fn. 54), S. 19 ff.; für die Gegenwart *Volker Arzt*, Notwehr, Selbsthilfe, Bürgerwehr, in: FS Friedrich Schaffstein, 1975, S. 77; *Valentin Landmann*, Notwehr, Notstand und Selbsthilfe im Privatrecht, 1975; *Schünemann*, Selbsthilfe (Fn. 54); *Olaf Werner*, Gewaltmonopol und Selbsthilfe im Rechtsstaat, 1999.

68 PrOVG, Urt. des IV. Senats vom 7. Januar 1909, OVGE 53, 255 (256).

69 Bereits früh ablehnend *Gerhard Anschütz*, Lücken in Verfassungs- und Verwaltungsgesetzen, VerwArch. 14 (1906), S. 315 (329); die noch herrschende Ansicht in der Strafrechtslehre bejaht die Berufung von Hoheitsträgern auf Nothilferechte ohne Einschränkungen. Vgl. zu dem Problem mit je unterschiedlichen Ansätzen *Ingo Klinkhardt*, Die Selbsthilferechte des Amtsträgers, VerwArch. 55 (1964), S. 264; *Peter Klose*, Notrecht des Staates aus staatlicher Rechtsnot, ZStW 89 (1977), S. 61; *Paul Kirchhof*, Polizeiliche Eingriffsbefugnisse und private Nothilfe, NJW 1978, S. 969; *Haas*, Notwehr (Fn. 54), S. 315 ff.; *Jürgen Schwabe*, Die Notrechtsvorbehalte des Polizeirechts, 1979;

Knut Amelung, Die Rechtfertigung von Polizeivollzugsbeamten, JuS 1986, S. 329; *Claus Roxin,* Strafrecht. Allgemeiner Teil, Bd. 1, 4. Aufl. 2006, § 15 Rn. 108 ff.; zum Zusammenhang und zu Wechselwirkungen der hier getrennten Ebenen jedoch *Kurt Seelmann,* Grenzen privater Nothilfe, ZStW, Bd. 89 (1977), S. 36; *Kirchhof,* a.a.O.

70 Aus der Rechtsprechung siehe EuGH, Rs. 26/62, Slg. 1963, S. 1. Vgl. ausführlich auch *Wolfgang Pühs,* Der Vollzug von Gemeinschaftsrecht, 1997, S. 371 ff.; *Claus D. Classen,* Der einzelne als Instrument zur Durchsetzung des Gemeinschaftsrechts?, VerwArch., Bd. 88 (1997), S. 645; *Johannes Masing,* Der Rechtstatus des Einzelnen im Verwaltungsrecht, in: Hoffmann-Riem/Schmidt-Aßmann/Voßkuhle (Hrsg.), Grundlagen des Verwaltungsrechts, Bd. 1, 2006, § 7 Rn. 12 ff.

71 *Johannes Masing,* Die Mobilisierung des Bürgers für die Durchsetzung des Rechts, 1997, S. 50.

72 Seit EuGH, Rs. 26/62, Slg. 1963, S. 1 (Van Gend & Loos).

73 Seit EuGH, Rs. 33/70, Slg. 1970, S. 1213 (Spa SACE)

74 EuGH, Rs. C-6/90 und Rs. C-9/90, Slg. 1991, I-5403 (Francovich).

75 *Ehlermann,* Plädoyer (Fn. 48), S. 205; *Pühs,* Vollzug (Fn. 70), S. 371 ff.; *Matthias Schmidt-Preuß,* Das Allgemeine des Verwaltungsrechts, in: FS Hartmut Maurer, 2001, S. 777 (798). Für den Bereich des Lebensmittelrechts entwirft ein entsprechendes Tableau *Ernst Steindorff,* Abwehr von Wettbewerbsverfälschungen im Lebensmittelrecht, ZLR 1992, S. 319; kritisch demgegenüber aus einer deutschen Perspektive die frühe Entscheidung BGHZ 30, 74; in vielen Rechtsbereichen hat auch das Gemeinschaftsrecht erkannt, dass der im Haupttext

beschriebene Rechtsdurchsetzungsmechanismus allein nicht ausreichend sein kann und ist deshalb zur Aufrichtung paralleler Sanktionsregimes geschritten; bestes Beispiel ist das europäische Kartellrecht, *Schwarze*, Europäisches Verwaltungsrecht (Fn. 48), S. 363.

76 Richtlinie des Rates vom 27. Juni 1985 über die Umweltverträglichkeitsprüfung bei bestimmten öffentlichen und privaten Projekten, 85/337/EWG, ABl. EG 1985, Nr. L 175/40.

77 Verordnung des Rates vom 29. Juni 1993 über die freiwillige Beteiligung gewerblicher Unternehmen an einem Gemeinschaftssystem für das Umweltmanagement und die Umweltbetriebsprüfung, 1836/93/EWG, ABl. EG 1993, Nr. L 168/1.

78 Richtlinie des Rates vom 7. Juni 1990, ABl. EG 1990, Nr. L 158/56; zu deren Vollzugskonzept *Pühs*, Vollzug (Fn. 70), S. 446 ff.

79 *Christoph Knill/Adrienne Héritier*, Neue Instrumente in der europäischen Umweltpolitik, in: Gertrude Lübbe-Wolff (Hrsg.), Vollzugsprobleme des europäischen Umweltrechts, 1996, S. 209 (225 ff.); *Hans-Jürgen Mittelstaedt*, Vollzugsverbesserung durch Steuerung zur Selbststeuerung?, ebd., S. 235; *Masing*, Mobilisierung (Fn. 71), S. 21 ff.; zu den Versuchen des umsetzenden deutschen Gesetzgebers, diese europarechtlichen Absichten abzuschwächen bzw. zu konterkarieren *Gertrude Lübbe-Wolff*, Erscheinungsformen symbolischen Umweltrechts, in: Bernd Hansjürgens/Gertrude Lübbe-Wolff (Hrsg.), Symbolische Umweltpolitik, 2000, S. 25 (32).

80 Ausführlich dazu *Thomas von Danwitz*, Verwaltungsrechtliches System und Europäische Integration, 1996,

S. 230 ff.; *Masing,* Mobilisierung (Fn. 71), S. 55 ff., 175 ff.; *Classen,* Durchsetzung des Gemeinschaftsrechts (Fn. 70), S. 645; ferner *Stefan Kadelbach,* Allgemeines Verwaltungsrecht unter europäischem Einfluss, 1998, S. 369 ff.

81 *Edmund Brandt,* Umsetzung von Ergebnissen informeller Aushandlungen in formelle Entscheidungen, in: Wolfgang Hoffmann-Riem/Eberhard Schmidt-Aßmann (Hrsg.), Konfliktbewältigung durch Verhandlungen, Bd. 2, 1990, S. 239; *Hans-Jürgen Müggenborg,* Formen des Kooperationsprinzips im Umweltrecht der Bundesrepublik Deutschland, NVwZ 1990, S. 909 (915); *Jürgen Knebel/Lutz Wicke/Michael Gerhard,* Selbstverpflichtungen und normersetzende Umweltverträge als Instrumente des Umweltschutzes, 1999, S. 111 ff.; *Andreas Voßkuhle,* Gesetzgeberische Regelungsstrategien der Verantwortungsteilung zwischen öffentlichem und privatem Sektor, in: Gunnar Folke Schuppert (Hrsg.), Jenseits von Privatisierung und »schlankem« Staat, 1999, S. 47 (73); *Helge Wuldsdorf,* Verbandliche Selbstregulierung als ein Beitrag zu einer effizienteren Umweltschutzvorsorge, in: Hans-Werner Rengeling (Hrsg.), Instrumente des Umweltschutzes im Wirkungsverbund, 2001, S. 157 (161); *Christian Loosen,* Pragmatischer Interessenausgleich versus verfahrensförmige Rechtsverwirklichung, 1999, S. 80 ff.; *Andreas Helberg,* Normabwendende Selbstverpflichtungen als Instrumente des Umweltrechts, 1999, S. 77; vgl. zur »Durchführung« solcher Absprachen auch *Jan Zeibig,* Vertragsnaturschutz als Beispiel konsensualen Verwaltungshandelns, 1998, S. 162 ff.

82 *Willy Spannowsky*, Grenzen des Verwaltungshandelns durch Verträge und Absprachen, 1994, S. 143; *Zeibig*, Vertragsnaturschutz (Fn. 81), S. 85 f., 162 ff.

83 Dazu allgemein *Müggenborg*, Kooperationsprinzip (Fn. 81), S. 910, 914 ff.; *Michael Kloepfer/Thomas Elsener*, Selbstregulierung im Umwelt- und Technikrecht, DVBl. 1996, S. 964 (967, 971 f.); *Udo Di Fabio*, Selbstverpflichtungen der Wirtschaft – Grenzgänger zwischen Freiheit und Zwang, JZ 1997, S. 969; *Gabriele Hucklenbruch*, Umweltrelevante Selbstverpflichtungen – ein Instrument progressiven Umweltschutzes?, 2000, mit einer Zusammenstellung von Absprachen dieser Art; umfassend *Walter Frenz*, Selbstverpflichtungen der Wirtschaft, 2001, insbes. S. 234 ff.

84 *Arthur Benz*, Kooperative Verwaltung, 1994, S. 165 ff.; Beispiele bei *Bernd Holznagel*, Konfliktlösungen durch Verhandlungen, 1990, S. 108 f., 191 mit Fn. 81 ff.

85 *Dietrich Murswiek*, Freiheit und Freiwilligkeit im Umweltrecht, JZ 1988, S. 985 (988); *Helberg*, Selbstverpflichtungen (Fn. 81), S. 74.

86 *Philip Kunig/Susanne Rublack*, Aushandeln statt Entscheiden?, Jura 1990, S. 1 (9).

87 *Benz*, Kooperative Verwaltung (Fn. 84), S. 166 f.

88 *Kunig/Rublack*, Aushandeln (Fn. 86), S. 9; *Benz*, Kooperative Verwaltung (Fn. 84), S. 167 f.

89 *Knebel/Wicke/Gerhard*, Selbstverpflichtungen (Fn. 81), S. 111.

90 *Zeibig*, Vertragsnaturschutz (Fn. 81), S. 162 ff.

91 *Schmidt-Aßmann*, Ordnungsidee (Fn. 47), 6. Kap. Rn. 37 f.

92 Vgl. im Zusammenhang mit der Mediation im Verwaltungsrecht *Loosen,* Interessenausgleich (Fn. 81), S. 69 ff.

93 *Kunig/Rublack,* Aushandeln (Fn. 86), S. 9.

94 *Loosen,* Interessenausgleich (Fn. 81), S. 81 ff.

95 *Knebel/Wicke/Gerhard,* Selbstverpflichtungen (Fn. 81), S. 112; das Durchführungs- und Sanktionstableau, das *Zeibig,* Vertragsnaturschutz (Fn. 81), S. 162 ff., aufzeigt, setzt diese Vorfrage bereits bejahend voraus.

96 *Knebel/Wicke/Gerhard,* Selbstverpflichtungen (Fn. 81), S. 113.

97 Vgl. etwa *Franz-Josef Peine,* Grenzen der Privatisierung, DÖV 1997, S. 353 (355); *Michael Ronellenfitsch,* Staat und Markt, DÖV 1999, S. 705; differenzierter *Christian-Dietrich Bracher,* Gefahrenabwehr durch Private, 1987, S. 177; *Hartmut Bauer,* Privatisierung von Verwaltungsaufgaben, VVDStRL 54 (1995), S. 243 (255); *Hans P. Bull,* Privatisierung öffentlicher Aufgaben, VerwArch. 86 (1995), S. 621 (628); *Jörn A. Kämmerer,* Verfassungsstaat auf Diät?, JZ 1996, S. 1042 (1046); *Christoph Gramm,* Schranken der Personalprivatisierung bei der inneren Sicherheit, VerwArch. 90 (1999), S. 329 (358); *Andreas Middeke,* Grenzen der Privatisierung der Staatsaufgabe Sicherheit, 2004; *Martin Burgi,* Privatisierung, in: Isensee/Kirchhof (Hrsg.), Handbuch des Staatsrechts, Bd. 4, 3. Aufl. 2006, § 75 Rn. 16 ff.

98 Immerhin ist hier die – in der Praxis wegen der Strukturbedingungen dieser Verfahren allerdings außerordentlich seltene – Vollstreckung weiterhin staatliche Aufgabe; missverständlich der aus rechtssoziologischer Sicht so gewählte Titel bei *Eberhard Hoene,* Präventiver Kreditschutz und Zwangsvollstreckung durch Private,

1971, S. 123 ff., der mit »Zwangsvollstreckung durch Private« verschiedene Reaktionen auf fehlende staatliche Vollstreckungseffizienz beschreibt wie die Ausübung psychologischen Drucks auf den Schuldner, die Stellung entsprechender Strafanträge oder die Einschaltung privater Inkassobüros, die alle jedoch letztlich wiederum auf staatliche Zwangsanwendung hinauslaufen; zu letzterem Fall einer »Privatisierung« der Zwangsvollstreckung rechtstatsächlich *Jürgen Hauschildt/Cora Stahrenberg*, Zur Effektivität von Inkasso-Unternehmen, BB 1991, S. 3.

99 *Wolfgang Hoffmann-Riem*, Justizdienstleistungen im kooperativen Staat, JZ 1999, S. 421; *Christoph Gusy*, Möglichkeiten und Grenzen der Privatisierung des Jugendstrafvollzugs, JZ 2006, S. 651.

100 *Bauer*, Privatisierung (Fn. 97), S. 255; *Jürgen Grabbe*, Verfassungsrechtliche Grenzen der Privatisierung kommunaler Aufgaben, 1979, S. 145.

101 *Kämmerer*, Verfassungsstaat (Fn. 97), S. 1044; *ders.*, Privatisierung, 2001, S. 37.

102 Vgl. auch *Achim Seidel*, Privater Sachverstand und staatliche Garantenstellung im Verwaltungsrecht, 2000, S. 66 f.; *Markus Möstl*, Die staatliche Garantie für die öffentliche Sicherheit und Ordnung, 2002, S. 323 ff.

103 *Seidel*, Privater Sachverstand (Fn. 102), S. 66 f. und öfter; *Kämmerer*, Privatisierung (Fn. 101), S. 568.

104 *Seidel*, Privater Sachverstand (Fn. 102), S. 66 ff.; *Christoph Gramm*, Privatisierung und notwendige Staatsaufgaben, 2001, S. 88 und durchgehend anhand des von ihm behandelten Aufgabenfeldes der inneren Sicherheit.

105 *Josef Isensee*, Diskussionsbeitrag, VVDStRL, Bd. 54 (1995), S. 303 (306); vgl. insgesamt auch *Stephan Rixen*,

Vom Polizeirecht über das Gewerberecht zurück zum Polizeirecht? DVBl. 2007, S. 221.

106 Vgl. *Möstl* (Fn. 102), S. 291; zu Wechselwirkungen im Detail *Hans-Jürgen Lange*, Privatisierung als nicht-intendierte Folge staatlicher Aufgabenkritik, in: Gusy (Hrsg.), Privatisierung von Staatsaufgaben, 1998, S. 215.

107 Aktuelle Daten bei *Harald Olschok,* Entwicklung und Perspektiven des Wach- und Sicherheitsgewerbes auf nationaler und europäischer Ebene, in: Stober/Olschok (Hrsg.), Handbuch des Sicherheitsgewerberechts, 2004, S. 13 ff.; *Hubert Beste,* Policing the Poor, in: Gusy (Hrsg.), Privatisierung von Staatsaufgaben, 1998, S. 180 mit eingehenden tatsächlichen Erhebungen und Daten; *Rainer Pitschas,* Europäische Innenpolitik und private Sicherheitsdienstleistungen, in: Stober/Pitschas (Hrsg.), Quo vadis Sicherheitsgewerberecht?, 1998, S. 1 (25); *Lutz Gollan*, Private Sicherheitsdienste in der Risikogesellschaft, 1999, S. 55 ff.; *Florian Huber*, Wahrnehmung von Aufgaben im Bereich der Gefahrenabwehr durch das Sicherheits- und Bewachungsgewerbe, 2000, S. 44 f.; *Helmut Lisken,* Polizei und private Sicherheitsdienste, in: Lisken/Denninger (Hrsg.), Handbuch des Polizeirechts, 3. Aufl. 2001, Rn. C 164. Zu der durch diese wirtschaftlichen Daten hervorgerufenen europarechtlichen Dimension privater Sicherheitsdienste als Wirtschaftsfaktor des gemeinsamen Marktes EuGH, EWS 1999, S. 228; EuGH, EWS 2000, S. 454.

108 *Wolfgang Hoffmann-Riem*, Übergang der Polizeigewalt auf Private?, ZRP 1977, S. 277; *Jürgen Schwabe*, Zum Status privater Sicherheitskräfte, ZRP 1978, S. 165; *Bracher,* Gefahrenabwehr (Fn. 97); *Jeand'Heur*, Einsatz privater

Sicherheitskräfte (Fn. 58), S. 107; *Christoph Gusy*, Vom Polizeirecht zum Sicherheitsrecht, Staatswissenschaften und Staatspraxis 1994, S. 187 (197 ff.); *Martin Schulte*, Gefahrenabwehr durch private Sicherheitskräfte im Lichte des staatlichen Gewaltmonopols, DVBl. 1995, S. 130; *Rupert Scholz*, Staatliche Sicherheitsverantwortung zu Lasten Privater?, in: FS Karl Heinrich Friauf, 1996, S. 439; *Rainer Pitschas*, Gefahrenabwehr durch private Sicherheitsdienste?, DÖV 1997, S. 393; *Christoph Gusy*, Der Wandel präventiver Schutzgewährung in der staatlichen Finanzkrise, in: Hoffmann-Riem/Schmidt-Aßmann (Hrsg.), Effizienz als Herausforderung an das Verwaltungsrecht, 1998, S. 175; *Franz Schnekenburger*, Rechtsstellung und Aufgaben des Privaten Sicherheitsgewerbes, 1999; *Gerhard Nitz*, Private und öffentliche Sicherheit, 2000; *Wolfgang Hetzer*, Ökonomisierung der Inneren Sicherheit?, ZRP 2000, S. 20; *Bernhard Weiner*, Privatisierung von staatlichen Sicherheitsaufgaben, 2001; *Stober/Olschok* (Hrsg.), Sicherheitsgewerberecht (Fn. 107).

109 *Rolf Stober*, Staatliches Gewaltmonopol und privates Sicherheitsgewerbe, NJW 1997, S. 889 (891).

110 Vgl. auch *Peter Bueß*, Private Sicherheitsdienste, 1997, S. 162 ff.

111 Vgl. etwa *Gramm*, Personalprivatisierung (Fn. 97), S. 330.

112 *Walter Krebs*, Verwaltungsorganisation, in: Isensee/Kirchhof (Hrsg.), Handbuch des Staatsrechts, Bd. 3, 3. Aufl. 2005, § 69 Rn. 10; *Gramm*, Personalprivatisierung (Fn. 97), S. 330. Zur Beleihung vgl. aus dem neueren Schrifttum *Thorsten I. Schmidt*, Gesetzliche Regelung

der Rechtsverhältnisse der Beliehenen, ZG 2002, S. 353; *Oliver Freitag*, Das Beleihungsrechtsverhältnis, 2005.

113 Für den traditionellen Werkschutz bereits früher so *Regina Bauer*, Werkschutz, 1985, S. 35.

114 *Volkmar Götz*, Statement aus der Sicht des öffentlichen Rechts, in: Weiß/Plate (Hrsg.), Privatisierung von polizeilichen Aufgaben, 1996, S. 39 f.; *Susanne C. Gunia*, Strafrechtliche Garantenstellungen von Wachpersonen des privaten Sicherheitsgewerbes, 2001, S. 144 ff.

115 Dies ist durch die Neufassung des § 34a Abs. 5 GewO durch das Gesetz zur Änderung des Bewachungsgewerberechts vom 23. Juli 2002 mit aller Deutlichkeit klargestellt worden; vgl. auch *Isensee*, Diskussionsbeitrag (Fn. 105), S. 304 f.

116 BGHZ 64, 178 (179 f.).

117 Vgl. auch BVerwG, NVwZ 1989, S. 864 (865); *Kirchhof*, Polizeiliche Eingriffsbefugnisse (Fn. 69), S. 970 f.

118 Näher und differenzierter *Lothar Mahlberg*, Gefahrenabwehr durch gewerbliche Sicherheitsunternehmen, 1988, S. 160 ff.; für den Werkschutz treten individual- und kollektiv-arbeitsrechtliche Rechtsgrundlagen hinzu, vgl. *Bauer*, Werkschutz (Fn. 113), S. 36 ff.; *Dirk Ehlers*, Der Schutz wirschaftlicher Unternehmen vor terroristischen Anschlägen, Spionage und Sabotage, in: FS Rudolf Lukes, 1989, S. 337 (349 ff.)

119 Vgl. näher *Bueß*, Private Sicherheitsdienste (Fn. 110), S. 167 ff.; *Thomas Storch*, Private Sicherheitsdienste und Waffenrecht, 2001, S. 123 ff. zu den relevanten Ausnahmetatbeständen; kritisch zur waffenrechtlichen Situation für die privaten Dienste *Pitschas*, Gefahrenabwehr durch private Sicherheitsdienste (Fn. 108), S. 396; für

Reformen des Gesetzgebers im Ergebnis auch *Storch*, a.a.O., S. 253 ff.

120 Aus strafrechtlicher Perspektive ähnlich *Haas*, Notwehr (Fn. 54), S. 261 ff.

121 *Kirchhof*, Polizeiliche Eingriffsbefugnisse (Fn. 69), S. 969.

122 *Schmidt-Aßmann*, Ordnungsidee (Fn. 47), 1. Kap. Rn. 26.

123 *Ernst-Wolfgang Böckenförde*, Die Bedeutung der Unterscheidung von Staat und Gesellschaft im demokratischen Sozialstaat der Gegenwart, in: ders., Recht, Staat, Freiheit, 1991, S. 209; *Christoph Möllers*, Theorie, Praxis und Interdisziplinarität in der Verwaltungsrechtswissenschaft, VerwArch. 93 (2002), S. 22 (37).

124 Im Ergebnis ebenso bereits *Herbert Lehmann*, Die rechtlichen Voraussetzungen zur Bewachung von Leben und Eigentum durch gewerbliche Unternehmer, DNP 1980, S. 265 (266 f.).

125 Im Ergebnis ähnlich *Mahlberg*, Gewerbliche Sicherheitsunternehmen (Fn. 118), S. 97 ff., der jedoch insgesamt weitergehende Schlussfolgerungen als hier zieht.

126 *Kämmerer*, Verfassungsstaat (Fn. 97), S. 1049.

127 *Heinrich Boge*, Der Verwaltungshelfer im Polizeirecht, 1964, S. 53 ff., folgert aus dem öffentlich-rechtlichen Charakter des Rechtsverhältnisses des Verwaltungshelfers zu Dritten auch die Möglichkeit desselben, öffentlich-rechtliche Zwangsbefugnisse gegenüber Dritten einsetzen zu dürfen; konkrete Beispiele, die über die Selbsthilferechte oder über Befugnisse aus § 330c StGB a. F. (= § 323c StGB n. F.) hinausgingen, werden jedoch nicht genannt. Sollten einem vermeintlichen Verwal-

tungshelfer durch Gesetz polizeiliche Zwangsmittel übertragen sein, wäre nach der hier vertretenen Auffassung zu prüfen, ob eine wirksame Beleihung vorliegt. Eine fehlgeschlagene Beleihung kann nicht ohne weiteres in rechtlich zulässige Verwaltungshilfe umgedeutet werden.

128 Vgl. ähnlich *Gramm*, Personalprivatisierung (Fn. 97), S. 359 f.; *Albert Krölls,* Die Privatisierung der inneren Sicherheit, GewArch. 43 (1997), S.445 (450); für einen Spezialfall ähnlich *ders.*, Privatisierung der öffentlichen Sicherheit in Fußgängerzonen?, NVwZ 1999, S. 233. Für einen Sonderbereich in der Tendenz anders *Gabriele Britz,* Die Mitwirkung Privater an der Wahrnehmung öffentlicher Aufgaben durch Einrichtungen des öffentlichen Rechts, VerwArch. 91 (2000), S. 418; relativierend auch bereits *Hoffmann-Riem*, Übergang der Polizeigewalt auf Private?, ZRP 1977, S. 277 (283), der einerseits das hier verfochtene Trennungsmodell für überholt hält, andererseits jedoch privatwirtschaftlich organisierte Gefahrenabwehr als Bedrohung für das Staatliche verortet; offen in der Ablehnung eines Konzepts, wie es auch hier verfolgt wird, *Pitschas,* Gefahrenabwehr durch private Sicherheitsdienste (Fn. 106), S. 397.

129 In der Tendenz anders *Rolf Stober,* Sicherheit für Wirtschaft und Gesellschaft zwischen Staat und Privat, in: Pitschas/Stober (Hrsg.), Staat und Wirtschaft in Sicherheitsnetzwerken, 2000, S. 77 (105 ff.).

130 Ähnlich *Mahlberg*, Gewerbliche Sicherheitsunternehmen (Fn. 118), S. 186 ff.; *Isensee*, Diskussionsbeitrag (Fn. 105), S. 304 f.; *Krölls,* Privatisierung der inneren Sicherheit (Fn. 128), S. 446; *Udo Di Fabio*, Privatisierung und

Staatsvorbehalt, JZ 1999, S. 585 (592); *Markus Heintzen*, Beteiligung Privater an der Wahrnehmung öffentlicher Aufgaben und staatlicher Verantwortung, VVDStRL, Bd. 62 (2003), S. 220 (240 f.); a. A. *Andreas Peilert*, Police Private Partnership, DVBl 1999, S. 282 (284 f.).

131 *Hans J. Wolff/Otto Bachof*, Verwaltungsrecht II, 4. Auflage 1976, S. 455, 457 (letztere Stelle zum Beliehenen als Vollstreckungsbehörde).

132 Teilweise abweichend und informellere Kooperationsmodelle auf der Basis des überkommenen Verwaltungs- und Polizeihelfers bevorzugend *Volkmar Götz*, Zur Privatisierung von Polizeiaufgaben, in: Pitschas/Stober (Hrsg.), Quo vadis Sicherheitsgewerberecht?, 1998, S. 235.

133 *Karl-Peter Sommermann*, in: von Mangoldt/Klein/Starck, Kommentar zum Grundgesetz, Bd. 2, 5. Aufl. 2005, Art. 20 Abs. 2 Rn. 168 mit Darlegung abweichender Auffassung zur personell-organisatorischen Legitimation durch das demokratische Verfassungsprinzip.

134 Ähnlich auch *Jürgen Grabbe*, Verfassungsrechtliche Grenzen der Privatisierung kommunaler Aufgaben, 1979, S. 41; vgl. auch *Voßkuhle*, Gesetzgeberische Regelungsstrategien der Verantwortungsteilung (Fn. 81), S. 47 (73), der zu bedenken gibt, dass durch diese Rollenumwidmung des Privaten zum Verwaltungsfunktionär die spezifisch gesellschaftliche, d. h. »private« Handlungsrationalität verloren gehen kann.

135 *Udo Steiner*, Der »beliehene Unternehmer«, JuS 1969, S. 69 (71).

136 *Rupert Scholz*, Staatliche Sicherheitsverantwortung zu Lasten Privater? in: FS Karl Heinrich Friauf, 1996, S. 447;

ders., Verkehrsüberwachung durch Private?, NJW 1997, S. 14 (15 f.).

137 Zu den Einzelheiten *Waldhoff*, Vollstreckung (Fn. 8), Rn. 45 ff.

138 *Ralf Schneider*, Die Verwaltungsvollstreckung durch die Deutsche Bundespost – ein Kapitel geht zu Ende, ArchivPT 1995, S. 285 (288); *Andrea Vetter*, Privatrechtliche Leistungsbeziehungen der Unternehmen der Deutschen Bundespost, 1992, S. 143 ff.

139 BGBl I, S. 2910, geändert durch Verordnung vom 14. April 1999, BGBl I, S. 705.

140 Vgl. dazu die Kommentierung von *Wolfgang Büchner*, in: ders. u.a. (Hrsg.), Beck'scher TKG-Kommentar, 2. Aufl. 2000, § 41, Rn. 1 ff., 25; *Jörg Ehmer/Bärbel Kerkhoff*, ebd., §§ 14 ff.

141 Vgl. die über 40 (!) Tatbestände in § 49 Rundfunkstaatsvertrag vom 31. August 1991; § 49a enthält für einen besonders schweren Verstoß einen Straftatbestand; der Rundfunkstaatsvertrag enthält insoweit auch Regulierungsrecht, da sich die Tatbestände auch und vor allem auf private Anbieter beziehen dürften; dazu etwa BayVGH, DVBl. 1999, S. 624 (626 ff.); *Roland Bornemann*, Ordnungswidrigkeiten in Rundfunk- und Mediendiensten, 2001.

142 Allgemein zu den Auswirkungen auf die Handlungsformen *Matthias Schmidt-Preuß*, Verwaltung und Verwaltungsrecht zwischen gesellschaftlicher Selbstregulierung und staatlicher Steuerung, VVDStRL 56 (1997), S. 160 (225 f.).

143 Vgl. noch zur alten Fassung des TKG die Kommentierung von *Bärbel Kerkhoff*, in: Büchner u. a. (Hrsg.), TKG-

Kommentar (Fn. 140); ferner *Bernd Holznagel/Christoph Enaux/Christian Nienhaus*, Grundzüge des Telekommunikationsrechts, 2001, S. 44 f.

144 *Gramm*, Privatisierung (Fn. 104), S. 186.

145 *Peter M. Huber*, Die entfesselte Verwaltung, Staatswissenschaften und Staatspraxis 1997, S. 423 (424, 429).

146 *Matthias Ruffert*, Regulierung im System des Verwaltungsrechts, AöR 124 (1999), S. 237.

147 *Gusy*, Wandel präventiver Schutzgewährung (Fn. 108), S. 192; ähnlich auch *Schmidt-Preuß*, Verwaltung und Verwaltungsrecht (Fn. 142), S. 189, 197 f.

148 Wandel präventiver Schutzgewährung (Fn. 108), S. 175.

149 Vgl. *Gusy*, Wandel präventiver Schutzgewährung (Fn. 108), S. 202.

150 *Christoph Gusy*, Vom Polizeirecht zum Sicherheitsrecht, Staatswissenschaften und Staatspraxis 1994, S. 187 (193).

151 *Peter Badura*, Das Verwaltungsmonopol, 1963, S. 93; *Josef Isensee*, Subsidiaritätsprinzip und Verfassungsrecht, 1968, S. 160 f., 168 f.; *Böckenförde*, Staat und Gesellschaft (Fn. 123), S. 232 f.

152 Vgl. auch *Schmidt-Preuß*, Gesellschaftliche Selbstregulierung und staatliche Steuerung (Fn. 147), S. 189, 197 f.; für den Erhalt der Fähigkeit zu einseitig hoheitlicher Entscheidung seitens des Staates im kooperativ-konsensualen Umfeld auch *Eberhard Schmidt-Aßmann*, Öffentliches Recht und Privatrecht: Ihre Funktionen als wechselseitige Auffangordnungen, in: Hoffmann-Riem/Schmidt-Aßmann (Hrsg.), Öffentliches Recht und Privatrecht als wechselseitige Auffangordnungen, 1996, S. 7 (20 f.).

153 Zur Reservefunktion von Zwangsmitteln in Aufsichtsverhältnissen *Wolfgang Kahl,* Die Staatsaufsicht, 2000, S. 568 und öfter.

154 *Gramm,* Privatisierung (Fn. 104), S. 347; vgl. bereits früher – ohne Bezug zu Privatisierungsphänomenen modernen Zuschnitts – *Herbert Krüger,* Allgemeine Staatslehre, 1964, S. 833 und öfter.

155 *Gusy,* Wandel präventiver Schutzgewährung (Fn. 108), S. 175 ff.; *Gramm,* Privatisierung (Fn. 104), S. 346 f. Zu den Grenzen und Gefahren eines (übermäßigen) Rekurses auf »Staat« oder »Staatlichkeit« siehe umfassend *Christoph Möllers,* Staat als Argument, 2000.

156 *Schmidt-Preuß,* Gesellschaftliche Selbstregulierung und staatliche Steuerung (Fn. 147), S. 197; *Andreas Voßkuhle,* Beteiligung Privater an der Wahrnehmung öffentlicher Aufgaben und staatliche Verantwortung, VVDStRL, Bd. 62 (2003), S. 266 (272 f. und öfter). Solche Letztverantwortlichkeiten sind allerdings nur schwer dogmatisierbar: Zum Zusammenhang mit dem Demokratieprinzip *Huber,* Entfesselte Verwaltung (Fn. 145), S. 435; kritisch und differenziert *Möllers,* Staat (Fn. 55), S. 285 ff., der sich allerdings vorwiegend gegen die argumentative Instrumentalisierung des »Staatlichen« wendet, nicht gegen eine an geltenden normativen Maßstäben, etwa dem Demokratieprinzip ausgerichtete Begründung

157 Vgl. zu diesem statt aller *Horst Eidenmüller*, Effizienz als Rechtsprinzip, 3. Aufl. 2005.

158 *Niklas Luhmann*, Rechtssoziologie, Bd. 2, 1972, S. 277.

159 Unter dem von ihm gleichbehandelten Leitbegriff der »Effizienz« grundlegend *Walter Leisner,* Effizienz als Rechtsprinzip, 1971, S. 5; *Hagen Hof,* Rechtsethologie,

1996, S. 483, stellt heraus, dass Wirksamkeit als die Frage nach den Wirkungen eher tatsächlich beschreibend ist, während Effektivität zugleich ein wertendes Element zu diesen Wirkungen enthält, indem eine Relation zwischen den verfolgten Zielen und dem tatsächlichen Erfolg hergestellt wird.

160 *Heike Krieger,* Das Effektivitätsprinzip im Völkerrecht, 2000.

161 Vgl. Art. 280 EGV und dazu die Erläuterungen bei *Christian Waldhoff,* in: Calliess/Ruffert, Kommentar zu EUV und EGV, 3. Aufl. 2006, Art. 280 Rn. 13; zu den das Völkerrecht, das Gemeinschaftsrecht und das nationale Verwaltungsrecht übergreifenden Bezügen *Albert Bleckmann,* Zur Dogmatik des Allgemeinen Verwaltungsrechts I, 1999, S. 163 ff.

162 BVerfGE 35, 263 (274); 65, 1 (70); 81, 123 (129); *Philip Kunig,* Das Rechtsstaatsprinzip, 1986, S. 441 ff.; *Dietrich Murswiek,* Die staatliche Verantwortung für die Risiken der Technik, 1985, S. 112; kritisch zur Verallgemeinerungsfähigkeit, insbesondere als rechtsstaatliches Postulat der Effektivität auch *Christoph Möllers,* Braucht das öffentliche Recht einen neuen Methoden- und Richtungsstreit? VerwArch. 90 (1999), S. 187 (191).

163 Vgl. die Zusammenstellungen bei *Hans-Wolfgang Arndt,* Praktikabilität und Effizienz, 1983, S. 102 ff.; kritisch auch *Axel Tschentscher,* Indienstnahme der Gerichte für die Effizienz der Verwaltung, in: Demel u.a. (Hrsg.), Funktionen und Kontrolle der Gewalten, 2001, S. 165.

164 Zu dieser Unterscheidung *Peter Häberle,* Effizienz und Verfassung, AöR 98 (1973), S. 625 (629); *Leisner,* Effizienz (Fn. 159), S. 6, der ebd., S. 13, darauf hinweist, dass

solche Anforderungen nach 1945 zunächst noch als Gegenpole zum Rechtsstaatsprinzip aufgefasst wurden.

165 *Schmidt-Aßmann,* Ordnungsidee (Fn. 47), 2. Kap. Rn. 28, der in diesem Zusammenhang von der »Durchsetzungsbereitschaft der Verwaltung« spricht und darunter neben ihrem organisatorischen Zuschnitt einschließlich angemessener Personalausstattung auch »einen vollzugsgeeigneten Zuschnitt des Rechts« subsumiert; ferner *Jürgen Schwarze,* Administrative Leistungsfähigkeit als verwaltungsrechtliches Problem, DÖV 1980, S. 581; *Klaus Stern,* Das Staatsrecht der Bundesrepublik Deutschland, Bd. 1, 2. Aufl. 1984, S. 824.

166 Explizit in diese Richtung *Dirk Heckmann,* Der Sofortvollzug staatlicher Geldforderungen, 1992, S. 64 ff.: Verwaltungseffizienz als »Zweckerreichungseffizienz« bzw. »Rechtsverwirklichungseffizienz«; *Katharina Sobota,* Das Prinzip Rechtsstaat, 1997, S. 500; ferner – wenn auch kritisch – *C. Gramm,* Privatisierung und notwendige Staatsaufgaben, 2001, S. 342.

167 *Rainer Wahl,* Verwaltungsverfahren zwischen Verwaltungseffizienz und Rechtsschutzauftrag, VVDStRL 41 (1983), S. 151 (163). Zu den »Bedingungsfaktoren wirksamer Gesetzessteuerung« aus verwaltungswissenschaftlicher Sicht *Gunnar Folke Schuppert,* Das Gesetz als zentrales Steuerungsinstrument des Rechtsstaates, in: ders. (Hrsg.), Das Gesetz als zentrales Steuerungsinstrument des Rechtsstaates, 1998, S. 105 (114 ff.); *ders.,* Verwaltungswissenschaft, 2000, S. 489 ff.; *Wolfgang Zeh,* Gesetzgebung als Hemmnis für den Gesetzesvollzug, 1995.

168 *Dieter Lorenz,* Der grundrechtliche Anspruch auf effektiven Rechtsschutz, AöR 105 (1980), S. 623 (625).

169 Mit je unterschiedlichen Akzenten *Detlef Merten,* Rechtsstaat und Gewaltmonopol, 1975, S. 42 f., 60; *Sobota,* Rechtsstaat (Fn. 166), S. 463, 487, 493, 500 f.; *Hans Peter Bull,* Die Staatsaufgaben nach dem Grundgesetz, 1973, S. 352 ff.; *Möstl* (Fn. 102), S. 14 ff., 63 ff., unter dem Aspekt sicherheitsgewährleistender Gehalte des Rechtsstaatsprinzips.

170 *Paul Kirchhof,* Die Zulässigkeit des Einsatzes staatlicher Gewalt in Ausnahmesituationen, in: Deutsche Sektion der Internationalen Juristen-Kommission (Hrsg.), Die Zulässigkeit des Einsatzes staatlicher Gewalt in Ausnahmesituationen, 1976, S. 83 (94); *Wolfgang Zeh,* Verwaltungswissenschaftliche Zugänge zur Gesetzgebungslehre, in: Schreckenberger u.a. (Hrsg.), Gesetzgebungslehre, 1986, S. 57 (64 f.).

171 Vgl. auch *Sobota,* Rechtsstaat (Fn. 166), S. 500.

172 Vgl. *Möstl* (Fn. 102), S. 121; ebd., S. 121 f.; S. 130, auch zu Übereinstimmung, Überschneidung und Abgrenzung des Konzepts sicherheitsrechtlichen Rechtsgüterschutzes und der Aufgabe der Rechtsdurchsetzung.

173 Kritisch zum Rechtsdurchsetzungspostulat im Zusammenhang mit dem Rechtsstaatsprinzip auch *Möllers,* Staat (Fn. 55), S. 274; *Udo Di Fabio,* Das Recht offener Staaten, 1998, S. 38.

174 *Möstl* (Fn. 102), S. 63 ff., der allerdings ebd., S. 65, in der Gewichtung gerade umgekehrt die demokratische Fundierung als ergänzenden, verstärkenden Faktor einbezieht; vgl. ferner in diese Richtung auch *Paul*

Kirchhof, Sicherungsauftrag und Handlungsvollmachten der Polizei, DÖV 1976, S. 449 (450); *Walter Schmitt Glaeser/Hans-Detlef Horn,* Private Gewalt im politischen Meinungskampf, 2. Aufl. 1992, S. 209 ff.

175 Kritisch im Zusammenhang mit Theorien überlegener Staatsgewalt und zum »Staat als Machteinheit« *Möllers,* Staat (Fn. 55), S. 248 ff.

176 Vgl. *Peter Badura,* Staatsrecht, 3. Aufl. 2003, Rn. D 49; *Stern,* Staatsrecht (Fn. 165), S. 825.

177 *Stern,* Staatsrecht (Fn. 165), S. 623 f. unter Rückgriff auf *Werner Kägi,* Rechtsstaat und Demokratie, in: FG Zaccaria Giacometti, 1953, S. 107.

178 Effizienz als Rechtsprinzip, 1971, S. 38 ff.

179 *Peter Krause,* Rechtsformen des Verwaltungshandelns, 1974, S. 104 f.; in etwas anderem Zusammenhang ähnlich *Dietrich Murswiek,* Die staatliche Verantwortung für die Risiken der Technik, 1985, S. 114; zu den methodologischen Schwierigkeiten einer auf »Verwirklichungsfähigkeit« angelegten Gesetzes*auslegung* siehe *Hans Henning Lohmann,* Die Praktikabilität des Gesetzesvollzugs als Auslegungstopos im Verwaltungsrecht, AöR 100 (1975), S. 415.

180 Zur wechselvollen Entwicklungsgeschichte eines solchen Gedankens *Gerhard Robbers,* Sicherheit als Menschenrecht, 1987, S. 81 ff. (insbes. 107); zur grundsätzlich anderen Rechts- und Interessenlage im Gemeinschaftsrecht siehe statt anderer hier nur *Thomas von Danwitz,* Verwaltungsrechtliches System und europäische Integration, 1996, S. 233.

181 Vgl. bereits differenziert *Fritz Fleiner,* Institutionen des Deutschen Verwaltungsrechts, 8. Aufl. 1928, S. 172 f.;

eingehend *Hans Heinrich Rupp,* Grundfragen der heutigen Verwaltungsrechtslehre, 1965, S. 262 ff.

182 *Klaus Vogel,* in: Drews/Wacke/Vogel/Martens, Gefahrenabwehr, 9. Aufl. 1986, S. 404 f.; auf Sanktionen bezogen am Beispiel der Schweiz *Beat Walther,* Die administrativen Rechtsnachteile im System der Verwaltungssanktionen des Bundes, 1977, S. 179 ff.

183 Vgl. statt vieler zum Problem *Gertrude Lübbe-Wolff,* Erscheinungsformen symbolischen Umweltrechts, in: Hansjürgens/Lübbe-Wolff (Hrsg.), Symbolische Umweltpolitik, 2000, S. 25 (34 ff.); zu den (engen) Möglichkeiten, die Nichtanwendung von Gesetzen als grundrechtlichen Eingriff zu fassen, *dies.,* Die Grundrechte als Eingriffsabwehrrechte, 1988, S. 105 ff.

184 *Rupp,* Grundfragen (Fn. 181), S. 272.

185 Leadingcase ist BVerwGE 11, 95 (97).

186 Statt aller *Vogel,* in: Drews/Wacke/Vogel/Martens (Fn. 182), S. 396 ff.; *Hermann Kern,* Die Schutzfunktion der Verwaltung, 1970; *Reinhard Mußgnug,* Die Durchsetzung des Rechts im Spannungsverhältnis zwischen Legalität und Opportunität, in: Irle u.a., Die Durchsetzung des Rechts, 1984, S. 59; *Murswiek,* Risiken der Technik (Fn. 162), S. 115.

187 *Josef Isensee,* Das Grundrecht auf Sicherheit, 1983, S. 53 f.; *Murswiek,* Risiken der Technik (Fn. 162), S. 115. Es ist bemerkenswert, dass die von *Franz-Ludwig Knemeyer,* Der Schutz der Allgemeinheit und der individuellen Rechte durch die polizei- und ordnungsrechtlichen Handlungsvollmachten der Exekutive, VVDStRL 35 (1977), S. 221 (233 ff., 242 ff.), verfochtene Ansicht einer radikalen Einschränkung des polizeilichen Ermessens sich auf das

Entschließungsermessen beschränkt, das den Einsatz konkreter Zwangsmittel betreffende Auswahlermessen jedoch von vornherein ausnahm. Zu dieser Aufspaltung kritisch *Mußgnug,* Durchsetzung des Rechts (Fn. 186), S. 70 ff.

188 Ausführlich zu dieser Rechtsprechung *Klaus Vogel/ Christian Waldhoff,* in: Dolzer/Vogel/Graßhoff (Hrsg.), Bonner Kommentar zum Grundgesetz, Vorb. z. Art. 104a-115, Rn. 500 ff., 513 (=*dies.,* Grundlagen des Finanzverfassungsrechts, 1999, Rn. 500 ff., 513); *Christian Waldhoff,* Rechtsprechungsanalyse Steuerrecht und Verfassungsrecht, Die Verwaltung 2008, S. 259.

189 BVerfGE 84, 239 (268 ff.).

190 BVerfGE 110, 94 – »Spekulationsgewinne«.

191 Zutreffend *Brun-Otto Bryde,* Die Effektivität von Recht als Rechtsproblem, 1993, S. 7; kritisch ferner zuvor bereits *Hartmut Maurer,* Der Verwaltungsvorbehalt, VVDStRL 43 (1985), S. 135 (160 f.); zur Übertragbarkeit auf andere *steuer*rechtliche Vollzugsdefizite *Michael Rodi,* Verfassungskonforme Besteuerung von Kapitalerträgen, NJW 1991, 2865 (2869 f.); *Dieter Carl/Joachim Klos,* Die verfassungswidrige Zinsbesteuerung, JuS 1992, S. 292 (294); zum Problem der Übertragbarkeit ferner *Helmut Goerlich,* Urteilsanmerkung, JZ 1991, S. 1139 (1140 f.).

192 Vgl. dazu auch die verfassungspolitischen Überlegungen bei *Christian Waldhoff,* Verfassungsrechtliche Vorgaben für die Steuergesetzgebung im Vergleich Deutschland-Schweiz, 1997, S. 355 ff. m.w.N.

193 Dazu *Wilfried Stier,* Die Gesetzmäßigkeit der Verwaltung und die Beitreibung, StuW 1967, Sp. 391; *Friedrich Huken,* Die Pflicht der Verwaltung zur Vollstreckung,

KKZ 1973, S. 41; *Armin Dittmann*, Grundrechtlicher Wohnungsschutz und Vollstreckungseffizienz, Die Verwaltung 16 (1983), S. 17 (27); *Klaus Tipke/Heinrich Wilhelm Kruse*, Abgabenordnung. Finanzgerichtsordnung. Kommentar, § 249 AO, Rn. 11; differenzierend und teilweise abweichend *Albert Beermann*, in: Hübschmann/Hepp/Spitaler, Abgabenordnung. Finanzgerichtsordnung. Kommentar, § 249 AO, Rn. 44 ff., der sich auf den Wortlaut des § 249 AO (»können«) beruft und die Trennung der AO zwischen Geltendmachung (§§ 218 ff.) und Vollstreckung (§§ 249 ff.) fruchtbar machen will; für den Regelfall müsste jedoch auch diese Ansicht zu einer Ermessensverdichtung in Richtung auf Beitreibung führen.

194 Ähnlich *Goerlich*, Urteilsanmerkung (Fn. 191), S. 1140: »Methodisch ist das Gericht damit allerdings mit dem Anspruch aufgetreten, Norm und Wirklichkeit vom Motiv bis zur Vollstreckung zu erfassen. Oder anders: Das Gericht hat damit hier einem materialen Rechtsverständnis die Bahn gebrochen.«

195 Abgewogen dazu *Rolf Eckhoff*, Rechtsanwendungsgleichheit im Steuerrecht, 1999, S. 516 ff., 527 ff.

196 *Luhmann*, Rechtssoziologie (Fn. 158), S. 31 ff. und durchgehend.

197 Grundsätzlich zu dem Problem *Bryde*, Effektivität (Fn. 191).

198 *Erhard Blankenburg*, Die Selektivität rechtlicher Sanktionen, KZfSS 21 (1969), S. 805.

199 Vgl. zu dem Problem auch *Anna Leisner*, Geeignetheit als Rechtsbegriff, DÖV 1999, S. 807. Die traditionsreiche Rechtsprechung zur normativen Unwirksamkeit funk-

tionsloser Bebauungspläne (BVerwGE 54, 5 (11)) lässt sich schon deshalb auf unser Problem nicht übertragen, weil der Bebauungsplan – mag er gem. § 10 BauGB auch in der Rechtsform einer kommunalen Satzung ergehen – nicht vollständig die typusbildenden Merkmal der generell-abstrakten Rechtsnorm aufweist.

200 *Maurer,* Verwaltungsvorbehalt (Fn. 191), S. 156 ff.

201 *Helmut Goerlich,* Legislative Vollzugsdefizite und ihre Kontrolle am Beispiel der deutschen Vereinigung, ZG 1992, S. 303 (306).

202 *Lerke Osterloh,* Gesetzesbindung und Typisierungsspielräume bei der Anwendung der Steuergesetze, 1992, S. 43 f.; die Unterscheidung zwischen einer objektivrechtlichen Verpflichtung und einem subjektiv-rechtlichen Anspruch ist allgemein anerkannt, vgl. etwa für das Polizeirecht nur *Vogel,* in: Drews/Wacke/Vogel/Martens (Fn. 182), S. 401; zur Komplexität des Vollzugsproblems insgesamt weiterführend *Zeh,* Gesetzesvollzug (Fn. 167).

203 *Maurer,* Verwaltungsvorbehalt (Fn. 191), S. 161; zu den Problemen einer solchen politischen Kontrolle anhand eines anderen Beispiels *Goerlich,* Vollzugsdefizite (Fn. 201), S. 318 f.

204 *Di Fabio,* Recht offener Staaten (Fn. 173), S. 38.

205 *Lorenz,* effektiver Rechtsschutz (Fn. 168), S. 626.

Schönburger Gespräche zu Recht und Staat

Band 1 Josef Isensee: Tabu im freiheitlichen Staat

Band 2 Udo Di Fabio: Die Staatsrechtslehre und der Staat

Band 3 Paul Kirchhof: Der Staat als Garant und Gegner der Freiheit

Band 4 Gerd Roellecke: Staat und Tod

Band 5 Karl Korinek: Staat und Kunst

Band 6 Wolfgang Graf Vitzthum: Der Staat der Staatengemeinschaft

Band 7 Eckart Klein: Staat und Zeit

Band 8 Otto Depenheuer: Selbstbehauptung des Rechtsstaates

Band 9 Peter Michael Huber: Staat und Wissenschaft

Band 10 Christian Hillgruber: Staat und Religion

Band 11 Christian Waldhoff: Staat und Zwang

Band 12 Matthias Jestaedt: Die Verfassung hinter der Verfassung

Band 13 Christoph Grabenwarter: Staat und Medien

Band 14 Matthias Herdegen: Staat und Rationalität